Angelika Kipp

Meine schönsten Fenster-bilder

Bunte Fensterbilder aus Tonkarton

frechverlag

Inhaltsverzeichnis

Material & Werkzeug	4	Ein lustiger Gesell	26	Ein Wolkenbett	45
Tipps und Tricks	4	Gut gebrüllt Leo!	27	Das Zauber-Gespenst	46
Schritt für Schritt erklärt	5 bis 9	Wer ist der Schönste…	28	Ein Gespenster-Mobile	47
Eiskalte Nächte	10	Lustiges Panzertier	29	Fortbildung	48
Hurra, der Winter ist da!	11	Honigbienen	30	Laterne, Laterne!	49
Frühlings-Erwachen	12	Ich hab' einen Luftballon!	31	Hex-hex!	50
Ostergrüße	13	Luftblasen-Spiel	32	Alles Glück der Erde	51
Häschens Lieblingsspeise	14	Streifen-Exemplare	33	Der erste Advent	52
Erwischt!	15	Urlaub am Meer	34	Vom Himmel hoch, da komm ich her!	53
Ein Mittagsschläfchen	16	Fahrzeugparade	35	Das kleine Räuchermännchen	54
Ein buntes Gelege	17	Kleine Lausbuben	36	Weihnachtskugeln	55
Märchenstunde	18	Püppchen Lisa	37	Äpfel, Nüss' und Mandelkern	56
Die Blumen-Bande	19	Miau, miau!	38	Weihnachtsläuten	57
Schlaf, Kindchen, schlaf	20	Ein lustiges Mobile	39	Pinni	58
Meine liebsten Püppchen	21	Auf Wanderschaft	40	Viele Nikolaushelfer	59
Ein prachtvolles Eigenheim	22	Hey, wo sind wir nun gelandet?	41	Winter bei den Eskimos	60
Sicher ist sicher!	23	Lecker!	42	*Vorlagen in Originalgröße*	61 bis 108
Herzen am laufenden Band	24	Statt Feigenblatt…	43		
Frühlingszeit	25	Vögelchen Piep	44		

Zeichnungen: Berthold Kipp

Fotos: frechverlag GmbH + Co. Druck KG, 70499 Stuttgart;
Fotostudio Ullrich & Co., Renningen

Auflage:	5.	4.	3.	2.	1.	Letzte Zahlen
Jahr:	2003	2002	2001	2000	1999	maßgebend

© 1999

ISBN 3-7724-2500-3 · Best.-Nr. 2500

frechverlag GmbH + Co. Druck KG, 70499 Stuttgart
Druck: frechverlag GmbH + Co. Druck KG, 70499 Stuttgart

Meine schönsten Fensterbilder

Über 50 meiner schönsten Fensterbilder sind in diesem Buch versammelt um Ihnen nicht nur viele lustige Bastelstunden zu bereiten, sondern auch um Ihre Fenster im schönsten Licht erstrahlen zu lassen! Durch das ganze Jahr führen diese netten Motive, sodass Sie nicht nur ein, sondern bestimmt eine ganze Reihe von Lieblingsmodellen finden werden. Sei es ein klassisches buntes Fensterbild, ein Bandornament oder gar ein Mobile – diese Motive werden großen Anklang finden!

Dank der Arbeitsschritt-Anleitungen auf den Seiten 5 bis 9 geht das Nachbasteln ganz schnell. Alle Vorlagen in Originalgröße sind im hinteren Teil des Buches abgedruckt, sodass Ihnen und auch Ihren Kindern alles gelingt. So ist schnell ein schönes Fensterbild für die eigene Wohnung oder als gern gesehenes Mitbringsel für die Familie oder Freunde gemacht.

Viel Spaß bei den Fensterbilder-Bastelstunden wünscht

Angelika Kipp

3

Material und Werkzeug

♥♥♥♥♥♥♥♥♥♥♥♥♥♥♥♥♥♥

- ♥ *Tonpapier und Tonkarton in verschiedenen Farben*
- ♥ *Regenbogen-Tonkarton*
- ♥ *Transparentpapier*
- ♥ *Dünne Pappe*
- ♥ *Schere*
- ♥ *Bastelmesser (Cutter) mit geeigneter Schneideunterlage*
- ♥ *Weicher und harter Bleistift*
- ♥ *Weicher Radiergummi*
- ♥ *Lineal*
- ♥ *Klebestreifen*
- ♥ *Klebstoff, z. B. UHU Alleskleber*
- ♥ *Lochzange*
- ♥ *Locher*
- ♥ *Musterklammern*
- ♥ *Evtl. Kreisschablone*
- ♥ *Evtl. weiße selbstklebende Punkte*
- ♥ *Schwarzer Filzstift*
- ♥ *Weißer Lackstift*
- ♥ *Nadel und Faden zum Aufhängen*
- ♥ *Geschenkbänder in verschiedenen Farben und Breiten*
- ♥ *Dünner Messingdraht*
- ♥ *Bunte und naturfarbene Holzperlen*
- ♥ *Holzstäbe, ø 0,3 cm*

Tipps und Tricks

♥♥♥♥♥♥♥♥♥♥♥♥♥♥♥♥♥♥

Größe der Fensterbilder verändern

Natürlich können Sie die Fensterbilder in einer anderen Größe als abgebildet arbeiten. Legen Sie dann die Vorlage auf einen Fotokopierer und vergrößern oder verkleinern Sie sie entsprechend nach Ihren Wünschen. Bei kleineren Kindern empfiehlt es sich die Vorlage zu vergrößern, damit die Kinderhände das Motiv besser ausschneiden können. Beachten Sie beim Verwenden von Regenbogen-Tonkarton, dass sich bei einer Größenänderung auch der Farbverlauf ändert!

Gestaltung des Motivs von der Vorder- und Rückseite

Ein frei hängendes Fensterbild, Bandornamente und Mobileteile sollten sowohl von der Vorder- als auch von der Rückseite gearbeitet werden. Hierzu benötigen Sie die meisten Teile in doppelter Ausführung. Die Teile werden auf der Rückseite nur spiegelbildlich, aber in der gleichen Reihenfolge wie auf der Vorderseite angeordnet.

Exakte Faltkanten bei Bandornamenten

Fahren Sie mit einer spitzen Schere unter Zuhilfenahme eines Lineals mit leichtem Druck über die spätere Faltstelle. Diese lässt sich dann leicht und exakt knicken.

Deckungsgleiches Aufmalen und Kleben

Die Rückseite sollte absolut deckungsgleich zur Vorderseite gezeichnet und aufgeklebt werden, da weißer Tonkarton durchscheint. Stellen Sie dazu zuerst die Vorderseite des Motivs komplett zusammen, dann drücken Sie die Bastelarbeit bei Tageslicht mit der bereits fertigen Seite gegen eine Fensterscheibe. Die nun durchscheinenden Kanten und Linien zeigen an, wo auf der Rückseite deckungsgleich nachgezeichnet und aufgeklebt werden muss.

Aufhängung

Es gibt verschiedene Möglichkeiten ein Fensterbild aufzuhängen. Sie können zwischen dem altbewährten Faden, einem Geschenkband oder einem Klebeband wählen. Wenn Sie mit einem Faden arbeiten wollen, balancieren Sie das Motiv zwischen Daumen und Zeigefinger aus, bis Sie die richtige Stelle gefunden haben. Mit einer Nadel stechen Sie dann einige Millimeter vom Rand entfernt in den Tonkarton und ziehen den Faden durch. Je größer das Motiv ist, umso eher sollten Sie mit zwei Fäden arbeiten.

Motivhöhe

Damit Sie sich die Größe des Fensterbildes, des Bandornaments oder des Mobiles besser vorstellen können, ist bei jeder Anleitung die jeweilige Motivhöhe in Zentimetern angegeben.
Die Motivhöhe bei Fensterbildern mit Perlen und Schleifen bezieht sich auf das Papier-Motiv ohne Bänder und Perlen.

Schritt für Schritt erklärt

♥♥

So entsteht ein buntes Fensterbild:

1. Legen Sie Transparentpapier auf das ausgewählte Motiv am Ende des Buches und übertragen Sie mit einem Filzstift oder Bleistift die benötigten Einzelteile ohne Überschneidungen.

2. Das Transparentpapier wird auf eine dünne Pappe geklebt, aus der dann alle Teile sorgfältig herausgeschnitten werden. Fertig sind die Schablonen!
Mithilfe dieser Schablonen stellen Sie die benötigten Einzelteile her: Legen Sie die Schablonen jeweils auf den Tonkarton der gewünschten Farbe, ziehen Sie den Umriss sorgfältig nach, dann wird wieder ausgeschnitten!

3. Fügen Sie die Teile zu dem Motiv zusammen. Das Foto und die Vorlage geben Ihnen hierbei Positionierungshilfen! Die Rückseite sollte möglichst deckungsgleich gearbeitet werden.

So entsteht ein Bandornament:

1. Nehmen Sie das Motiv von der Vorlage mithilfe von Transparentpapier und einem weichen Bleistift ab.

2. Messen Sie die Höhe und die Breite des ausgewählten Motivs (siehe Vorlage) und tragen Sie sie so oft auf das Tonpapier ab, bis Sie die gewünschte Länge Ihres Bandornaments erhalten.

3. Unter leichtem Druck fahren Sie mit einer spitzen Schere über die späteren senkrechten Knickstellen – ein Lineal ist dabei der ideale Helfer! Ihr Tonpapier lässt sich so leichter und exakter falten.

4. Falten Sie das Papier zu einer „Ziehharmonika", wobei das Deckblatt von links zu öffnen sein muss.

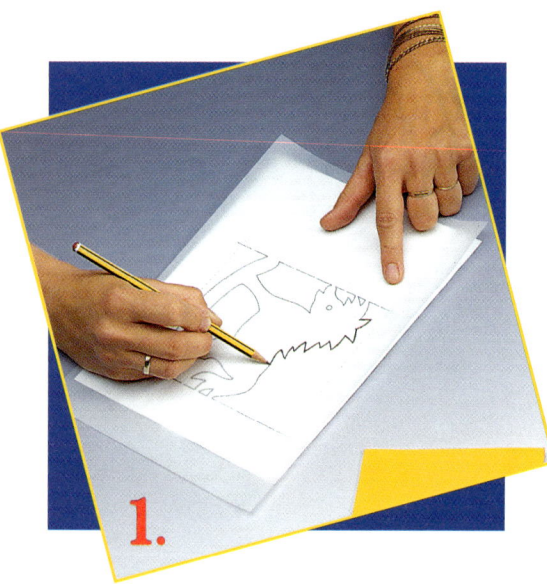

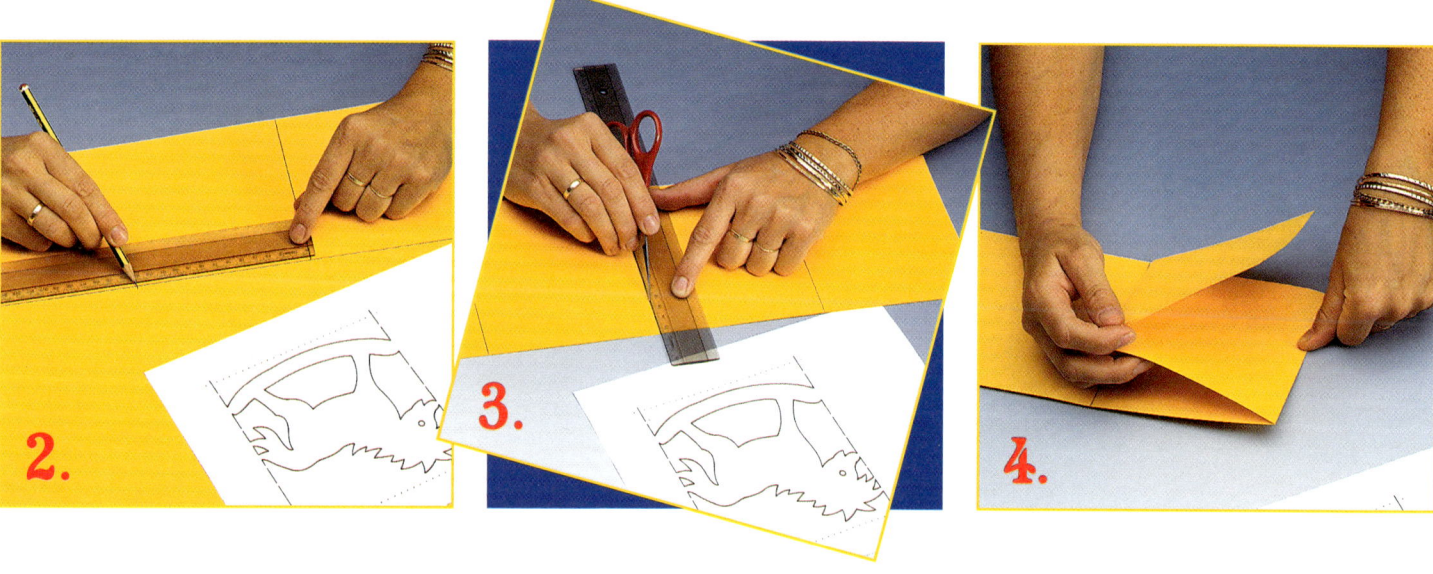

5. Legen Sie das Transparentpapier mit dem aufgemalten Motiv ganz exakt auf das passend gefaltete Tonpapier. Damit das Transparentpapier nicht verrutscht, heften Sie es mit einigen Klebestreifen auf Ihrer Arbeitsunterlage fest.

6. Die Konturen des Motivs werden mit einem spitzen, harten Bleistift nun nochmals umfahren – bei diesem Arbeitsgang werden die Formen in das Tonpapier gedrückt.

7. Schneiden Sie das Motiv mit einer spitzen Schere oder einem Bastelmesser aus; Kinder verwenden eine Kinderschere.
Die Augen werden jeweils aufgemalt oder mit einer Lochzange ausgestanzt.

8. Die linken und rechten Enden des auseinander gefalteten Bandornaments arbeiten Sie noch etwas nach (eventuelle Rundungen schneiden).

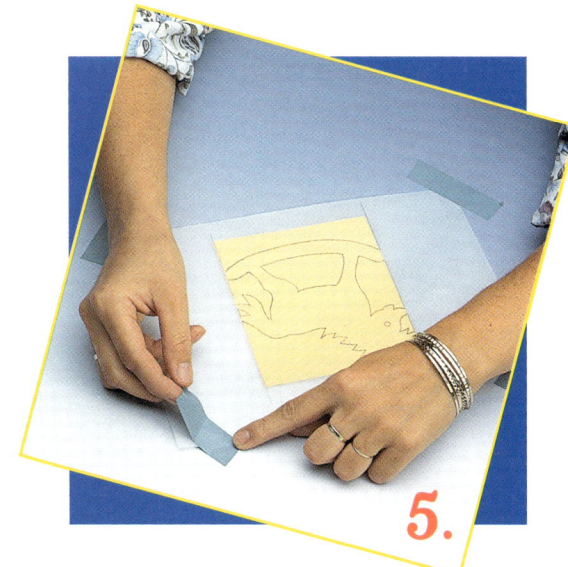

5.

6.

7.

8.

So entsteht eine Tonkartonkette:

Tonkartonketten werden ohne Faltungen ausgeschnitten.

1. Legen Sie Architekten- oder Transparentpapier auf das ausgewählte Motiv am Ende des Buches und übertragen Sie mit einem Bleistift alle benötigten Einzelteile ohne Überschneidungen.

2. Dann kleben Sie das Transparentpapier mit allen abgepausten Motivteilen auf eine dünne Pappe und schneiden die Einzelteile mit Schere oder Cutter heraus. Fertig sind die Schablonen, die Sie auch mehrfach verwenden können!
Nun können Sie alle benötigten Einzelteile herstellen, indem Sie die Schablonen einfach auf Tonkarton der gewünschten Farbe legen, mit einem Bleistift umfahren und sie dann ausschneiden.

3. Die Gesichter und alle gepunkteten Linien werden aufgezeichnet. Die Vorlage und die Abbildung helfen Ihnen bei der Platzierung der Striche.
Fügen Sie dann die Einzelteile mit Klebstoff zum gewünschten Motiv zusammen. Mithilfe einer Lochzange stanzen Sie die auf der Vorlage eingezeichneten Punkte aus. Mit Musterklammern lassen sich beliebig viele Figuren verbinden.

So entsteht eine Schleife mit Perlen:

- ❤ Breites Schleifenband
- ❤ Zum Auffädeln der Perlen: Schmales Schleifenband, 0,4 cm breit
- ❤ Dünner Messingdraht
- ❤ Perlen

Materialangaben zu jedem Fensterbild finden Sie bei der jeweiligen Anleitung. Bei der Mengenangabe für benötigtes Schleifenband ist das Band für die Aufhängung nicht eingerechnet.

1.

und

2. Legen Sie das breitere Band wie auf den Abbildungen 1 und 2 gezeigt zu einer Schleife zusammen.

3. Mit einem dünnen Draht wird die Schleife dort, wo sich die Bänder treffen, zusammengerafft. Um die nötige Stabilität zu erreichen wickeln Sie den Draht drei- bis viermal um diese Stelle herum. Zum Schluss werden die beiden Drahtenden miteinander verdreht.

4. Sie können die Raffstelle mit dem dünnen Band einfach umwickeln und dieses anschließend auf der Rückseite verkleben. Sie haben aber auch die Möglichkeit ein dünnes Schleifenband in der Mitte zu verknoten und dann auf dieses nach Belieben Perlen aufzufädeln. Damit die Perlen nicht herunterrutschen, verknoten Sie das Band dort, wo die Perlen befestigt werden sollen.

Eiskalte Nächte

Motivhöhe: ca. 28 cm

Zeichnen Sie das Auge, den Mund und den Knopf auf (siehe Vorlage); die Nase wird aufgeklebt. Da die Nacht kalt wird, binden Sie dem kleinen, müden Gesellen einen Schal um und setzen ihm den zweiteiligen Hut auf. Der Besen wird unter den Arm geklemmt, den Sie von vorne ergänzen.
Nun kann es sich der weiße Mann auf dem Mond, der bereits Eiszapfen angesetzt hat, gemütlich machen.

Hurra, der Winter ist da!

Motivhöhen:
Pinguin ca. 17 cm,
Schneemann ca. 18,5 cm

Bei klirrender Kälte fühlen sich diese Pinguine und Schneemänner erst so richtig wohl.
Für beide Tonkarton-Motive gilt:
Gehen Sie nach der Anleitung auf Seite 8 vor. Alle Augen und gepunkteten Linien (siehe Vorlagen) werden vor dem Ausschneiden aufgezeichnet.

Pinguinpaare

Die Pinguine erhalten ihr Fußpaar, den Schnabel, das Auge und ihr weißes Bauchteil mithilfe von Klebstoff. Achtung: Bei einigen Burschen sind Auge und Schnabel anders platziert worden, sodass Paare entstehen. Gegen die Kälte brauchen diese Tiere einen Schal oder eine Mütze. Sie können den winterliebenden Gesellen auch beide Kleidungsstücke anziehen.

Schneemänner

Achtung: Jeder zweite Schal wird seitenverkehrt gearbeitet. Gehen Sie bei den Nasen genauso vor.

Diese netten Herren bekommen ihre lustige Möhrennase, den zweiteiligen Zylinder und einen kuschelwarmen Schal.
Bei beiden Motiven stanzen Sie die vorgegebenen Öffnungen an den Händen bzw. Flügeln (siehe Vorlagen) mit der Lochzange aus um dann die einzelnen Motive mit Musterklammern zusammenzufügen.

Vorlagen: Seite 62/63

Vorlagen: Seite 63

Frühlings-Erwachen

Motivhöhen:
Ei mit Schneeglöckchen
ca. 11,5 cm
Gemustertes Ei ca. 10 cm

Bei solch einem frischen Grünton an Ihrem Fenster zieht der Frühling gleich viel schneller ein!
Die grünen Eier werden mit den weißen Mustern dekoriert; in die weißen, aufgebrochenen Eier kleben Sie von hinten das Grün der Schneeglöckchen, deren Blüten noch vorne ergänzt werden.
Frühlings-Erwachen!

Ostergrüße

Motivhöhe: ca. 22,5 cm

Ein hübsches Mitbringsel zur Osterzeit! Dafür benötigen Sie zuerst einmal einen schwarzen Filzstift, mit dem Sie alle Innenlinien aufmalen (siehe Vorlage). Dann wird jeweils die dreiteilige Blüte zusammengefügt und auf dem mittleren Stängel platziert.
Mit zweiteiligen, knallroten Schleifen geschmückt verbreitet dieses Fensterbild-Trio die pure Frühlings-Laune!

Vorlagen: Seite 64

13

Vorlagen: Seite 65

Häschens Lieblingsspeise

Motivhöhen:
Hase ca. 13 cm
Karotte ca. 13,5 cm

Ein schwarzer Filzstift sorgt für die Häschen-Gesichter und für alle Innenlinien (siehe Vorlage).
Unter der roten Latzhose sitzt jeweils das gelbe Hemd, das noch von den beiden Hosenträgern dekoriert wird. Und die zweiteiligen Möhren finden bei Ihnen am Fenster sicher auch noch ihren Platz!

Erwischt!

Motivhöhe: ca. 20 cm

Zuerst wird der kleine Eierdieb zusammengestellt: Von hinten ergänzen Sie das Schwänzchen und den Fuß, von vorne den bemalten Kopf mit den beiden Ohren und den linken Arm mit dem untergeklebten Ei. Dann ist der erfolgreiche Verfolger an der Reihe: Auf seinem roten Rumpf kleben die blauen Federn, der gelbe Flügel, die Füße und der Schnabel, der kräftig zupacken kann, wie das Häschen im Moment sicher zu spüren bekommt, wenn es über die Wiese geschleppt wird.

Vorlagen:
Seite 65/66

15

Ein Mittagsschläfchen

Motivhöhe Ente: ca. 14 cm

Zeichnen Sie den schlafenden Enten still und leise die geschlossenen Augen sowie alle Innenlinien (siehe Vorlage) auf. Dann erhalten die Tiere jeweils ihren Schnabel und eine Schleife. Bekleben Sie die farblich zur Schleife abgestimmten Eier mit vielen weißen Punkten: überstehende Teile werden mit der Schere angeglichen.
Blau-weiße Frühlings-Idylle!

Tipp:

Für die Eier können Sie auch mit Punkten bedruckten Tonkarton verwenden.

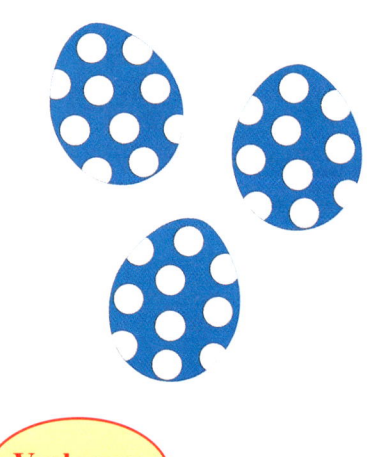

**Vorlagen:
Seite 67**

16

Ein buntes Gelege

♥♥♥♥♥♥♥♥♥♥♥♥♥♥♥♥♥♥♥♥♥♥♥♥

Motivhöhe: ca. 23 cm

Tja, hier ist das Gelege ganz schön bunt geraten.

Zeichnen Sie alle schwarz markierten Stellen sowie die Innenlinien (siehe Vorlage) auf.

Dann erhält das Huhn seinen Kamm, die Hautlappen und den Schnabel. Setzen Sie das verdutzte Federvieh aufs Gras und legen Sie die Eier dazu.

Und wie werden wohl die Küken aussehen?

**Vorlagen:
Seite 68**

17

Vorlage:
Seite 69

Märchen-stunde

Motivhöhe: ca. 14 cm

Wie Bandornamente gebastelt werden, erfahren Sie auf Seite 6/7.

Die Blumen-Bande

Motivhöhe: ca. 26,5 cm

Die Blumen-Bande ist unterwegs! Besondere Kennzeichen: Aufgemalte Gesichter und Innenlinien (siehe Vorlage), zweiteilige, knallbunte Kopftücher, dreiteilige Blumen, die jeweils unter dem linken Flügel sitzen, und natürlich auch vorlaute Schnäbelchen, die auf dem Körper platziert sind.

Und wenn Sie jetzt bei dem Trio auch noch jeweils von vorn und hinten die Beine ergänzen, ist eines sicher: Dann macht sich die Blumen-Bande an Ihrem Fenster breit!

Vorlagen:
Seite 70/71

19

Schlaf, Kindchen, schlaf

Motivhöhe: ca. 16 cm

Wer strampelt denn hier vergnügt im Kinderwagen?

Schneiden Sie die braune Kinderwagenform aus und montieren Sie die Räder. Schmücken Sie den Wagen mit der weißen Borte, auf der das rosafarbene Band stückweise in gleichmäßigen Abständen aufgeklebt ist. Fügen Sie jeweils die Schleifenteile und auch das Wagenoberteil zusammen und zeichnen Sie die schwarz markierten Stellen – auch an den Rädern – auf (siehe Vorlage).

Das fertige Wagenoberteil, das den strampelnden Säugling vor der Sonne schützt, und die Beinchen werden von hinten fixiert. Die dicke Schleife verziert den Wagen von vorne.

Hier kann man sich doch wirklich wohl fühlen!

Vorlagen: Seite 71

Meine liebsten Püppchen

Motivhöhe: ca. 12,5 cm

Zuerst bekommen die kleinen Püppchen ihr Gesicht aufgezeichnet (siehe Vorlage). Stylen Sie die flotte Frisur mit der dazugehörigen Spange.

Das mit dem Kragen verzierte Blüschen wird auf der Hose fixiert. Nun braucht jedes Püppchen nur noch sein fertiges Kopfteil und schon kann es Sie anstrahlen!

Eine hübsche Dekoration, die einfach und schnell herzustellen ist!

Vorlagen:
Seite 72

Vorlagen:
Seite 72

Ein prachtvolles Eigenheim

Motivhöhe: ca. 12,5 cm

Diese Schnecke aus Regenbogen-Ton-karton hat das bunteste Haus der Welt! Auf den Körper der Schnecke kleben Sie die vier Teile, die dieses prachtvolle Ei-genheim bilden. Nur das Auge wird noch aufgemalt (siehe Vorlage).

Und wer hätte nicht auch gern solch ein regenbogenbuntes Häuschen!

Sicher ist sicher!

Motivhöhe: ca. 22,5 cm

Bei dem noch nicht ganz „trockenen" Teddy werden zunächst die Augen, die Nase und der Mund aufgezeichnet (siehe Vorlage). Dann fixieren Sie die Ohrin-nenteile, das Maulteil, die Pfoteninnen-flächen und die Fußsohlen.

Damit kein Malheur passiert, stecken Sie den Bären in die dreiteilige Windel, die mit einer zweiteiligen Sicherheitsnadel zusammengehalten wird.

Anschließend bekommt der Kleine noch einen Luftballon in die Pfote.

Und dann geht's ihm richtig gut!

Vorlagen: Seite 73

23

Vorlagen: Seite 74

Herzen am laufenden Band

Motivhöhe (großes Herz): ca. 19 cm

Schleifenbänder und Perlen:
- ♥ Rot-weiß gepunktetes Band: 2,5 cm breit, 47 cm lang
- ♥ Weißes Band: 0,4 cm breit, 30 cm lang
- ♥ Rotes Band: 0,4 cm breit, 50 cm lang
- ♥ Perlen in Weiß und Rot (je 7 x), ∅ 1 cm

Ganz schön herzlich ist dieses Fensterbild!

Mit einer Lochzange wird am großen Herzen ein kleines Loch herausgestanzt, durch das ein schmales weißes Band gezogen wird.

Fädeln Sie fünf Perlen auf dieses schmale weiße Aufhängeband und binden Sie aus dem rot gepunkteten Band eine Schleife. Die roten und weißen schmalen Bänder werden mit der großen Schleife verknotet und auf die Enden des roten Bandes werden kleine Herzchen in Rot und Weiß geklebt. Auf die Enden des weißen Bandes werden Perlen gefädelt. Sollen Perlen an der Mitte des Schleifenbandes befestigt werden, wird das Band an diesem Teil mit Klebstoff bestrichen. Kleben Sie zuletzt die Schleife auf das Herz. Herzlichen Dank!

Wie eine Schleife gebunden wird, steht auf Seite 9.
Bestimmen Sie selbst die Länge dieses Aufhängebandes, dessen Länge nicht in der Materialliste enthalten ist.

Frühlingszeit

♥♥♥♥♥♥♥♥♥♥♥♥♥♥♥♥♥♥♥♥♥♥♥♥♥♥♥

Motivhöhe mit Perlen: ca. 20 cm

Schleifenband und Perlen pro Blume:
♥ *Weißes Band: 0,4 cm breit, 15 cm lang*
♥ *Perlen in Grün (2 x) und Weiß (6 x), ø 1 cm*

Tulpen in den verschiedensten Formen und Farben sind in der Frühlingszeit sehr gefragt.
Zeichnen Sie die gepunkteten Linien (siehe Vorlage) auf. Ein schmales weißes Band wird durch die vorgesehene Öffnung in der Blüte gezogen. Fädeln Sie die Perlen auf und fixieren Sie das Blattgrün auf dem Band, dann folgen wieder Perlen. Das Ende des Bandes wird verknotet. Ein großer Vorteil dieser Tulpen: Sie verblühen nicht!

Vorlagen: Seite 75

25

Ein lustiger Gesell

Motivhöhe: ca. 30 cm

Schleifenbänder und Perlen:

❤ Rot-weiß gepunktetes Band: ca. 2 cm breit, 20 cm lang
❤ Rotes Band: ca. 0,4 cm breit, 9 cm lang
❤ 2 rote Perlen in Walzenform (gerillt)

Dieser bunte und immer gut gelaunte Clown verbreitet überall fröhliche Stimmung.

Wenn er auch zu Ihnen kommen soll, zeichnen Sie alle schwarz markierten Stellen sowie gepunkteten Linien (siehe Vorlage) auf. Der Clown erhält sein weißes Mundteil und die rote Nase. Das Haarteil wird von hinten ergänzt. Platzieren Sie das Hand- und das Schuhpaar unter dem entsprechenden Kleidungsstück. Die Hose mit den aufgesetzten Flicken wird auf dem Hemd befestigt. Hosenträger mit aufgesetzten Knöpfen halten die Hose. Ergänzen Sie das Kopfteil und befestigen Sie die Schleife mit den Perlen. Wie eine Schleife gebunden wird, steht auf Seite 9.

Vorlagen:
Seite 75/76

Gut gebrüllt Leo!

Motivhöhe: ca. 24,5 cm

Löwe Leo bekommt seine Schnurrbart-
haare, die Augen, das Maul und alle anderen Innenlinien aufgemalt (siehe Vorlage).
Die Nase und die Ohrinnenteile werden
auf das Kopfteil geklebt, das dann auf die
rote Mähne gesetzt wird. Der Körper erhält das gelbe Bauchteil und die rote
Schwanzquaste.
Erst jetzt fügen Sie Kopf und Körper zusammen.
Dieser liebe Löwe hält sich besonders
gern in Kinderzimmern auf.

**Vorlagen:
Seite 77/78**

27

Vorlagen:
Seite 79

Wer ist der Schönste…

Motivhöhe: ca. 21 cm

Schneiden Sie die Körperform samt Schnabel aus Regenbogen-Tonkarton aus, wobei Sie darauf achten sollten, dass der Schnabel gelb und das Bauchteil rötlich leuchtet. Fixieren Sie das Flügel-Schwanz-Teil. Nachdem Sie den Schnabelstrich und das Auge aufgezeichnet haben, erhält der bunte Kerl das blaue Schnabel- und das rote Augenteil. Der Vogel wird hinter den Ast mit den Blättern geklebt, die Krallen werden von vorne ergänzt.
Und wer ist nun der Schönste im ganzen Urwald?

Lustiges Panzertier

Motivhöhe: ca. 11 cm

Bunt gepunktet und immer gut gelaunt ist diese nette Schildkröte.
Dem gepanzerten Tier malen Sie das Auge und die Nasenöffnung auf. Der Panzer erhält viele bunte Punkte und wird dann auf den Körper gesetzt.
Fertig ist der Punkte-Panzer!

28

Vorlagen:
Seite 100

29

Honigbienen

Motivhöhe Biene ohne
Honigeimer: ca. 11 cm

Viele fleißige Bienen sammeln für uns den süßen Honig.

Zeichnen Sie mit dem Filzstift die Augen, die Nasen und den Schriftzug auf (siehe Vorlagen). Dann werden die gelben Körper mit braunen Streifen beklebt; es folgen die Beine, die Flügel und der fertige Kopf mit den Fühlern. Die fleißige Arbeitsbiene trägt noch einen Eimer Honig und zeigt der kleinen Biene, wie's funktioniert!

Vorlagen:
Seite 80

Ich hab' einen Luftballon!

Motivhöhe: ca. 28 cm

Das Elefantenkind Trampel hat einen wunderschönen Luftballon geschenkt bekommen.

Malen Sie dem kleinen Dickhäuter das Auge und alle gepunkteten Linien (siehe Vorlage) auf. Dann bekommt er sein riesiges Ohr, den linken Arm und seinen Stoßzahn. In der Hand hält das Elefantenkind einen gelben Luftballon.

Und natürlich ist Trampel ganz schön stolz darauf und freut sich riesig über das tolle Geschenk.

**Vorlagen:
Seite 81**

31

 Vorlagen: Seite 82

Luftblasen-Spiel

♥♥♥♥♥♥♥♥♥♥♥♥♥♥♥♥♥♥♥♥♥♥

Motivhöhe: ca. 18 cm

Hui, hier purzeln die Luftblasen durchs Aquarium!
Der Fisch braucht ein aufgemaltes Auge und den lachenden Mund (siehe Vorlage); dann bekommt er auf seinen gelben Körper das rote Teil und die grüne Flosse.
Und dann ab ins Aquarium! Dort hängen die vielen bunten Luftblasen, die an verschieden lange Bänder geklebt werden.

Streifen-Exemplare

♥♥♥♥♥♥♥♥♥♥♥♥♥♥♥♥♥♥♥♥♥♥♥

Motivhöhe Fisch: ca. 9,5 cm

Für das Maul der Streifen-Exemplare brauchen Sie einen schwarzen Filzstift. Kleben Sie die schwarzen Streifen auf die gelbe Grundform. Die gelbe Seitenflosse mit dem schwarzen Innenteil sowie das zweiteilige Auge werden ebenfalls ergänzt. Den Lichtfleck in der Pupille gestalten Sie mit einem weißen Lackstift. Und der Hintergrund lässt sich noch mit anderen Meeresbewohnern aus Regenbogen-Tonkarton gestalten.

Vorlagen: Seite 83

Vorlagen: Seite 84/85

Die Teile werden wie auf dem Foto zusammengeklebt und mit einem Faden oder schmalen Geschenkband untereinander gehängt.

Urlaub am Meer

Motivhöhe Schiff: ca. 14,5 cm

Bei diesen kunterbunten Motiven werden die Erinnerungen an den letzten Urlaub am Meer wieder wach!

Segelschiff

Das Segelschiff erhält seinen Mast mit den hinterklebten Segeln und der Fahne; ein Segel ist noch mit einem gelben Muster dekoriert.

Eimer

Fixieren Sie zunächst alle blauen Teile auf der roten Form. Dann sind das gelbe Innenteil und die zwei Kreise an der Reihe.

Schaufel

Zunächst zeichnen Sie die Innenteile auf die gelbe Schaufel. Montieren Sie den zweiteiligen Schaufelstiel und fixieren Sie ihn an der Schaufel.

Ball

Kleben Sie die bunten Einzelteile des Balls auf die rote Grundform, wobei der hellblaue Kreis die Stoßkanten verdeckt.

Fahrzeug-parade

♥♥♥♥♥♥♥♥♥♥♥♥♥♥♥♥♥♥♥♥♥♥♥♥♥♥♥♥♥

Motivhöhe Flugzeug: ca. 10 cm

Kunterbunte Fahrzeuge lassen Kinder-herzen höher schlagen...!

Flugzeug

Alle roten, gelben und grünen Einzelteile werden einfach nur auf die blaue Grund-form geklebt.

Lokomotive

Auf der gelben Eisenbahnform fixieren Sie das rote und das grüne Kesselteil. Dann ergänzen Sie die beiden Schorn-steinabdeckungen, das Dach und die Fenster des Führerhauses. Nun braucht die Lok noch ihre zweiteiligen Räder und schon kann es losgehen!

Schiff

Ergänzen Sie das gelbe Schiffsteil mit dem grünen Bullauge auf der roten Grundform. Dann sind die Fenster und das grüne Schornsteinteil an der Reihe. Und zum Schluss gibt's noch ein paar Wellen.

Die drei Teile werden mit einem Faden oder schmalen Geschenkband unterein-ander gehängt.

Vorlagen:
Seite 85

Kleine Lausbuben

Motivhöhe mittleres Kind: ca. 14 cm

Dreimal nett und frech...!

Für alle drei Motive gilt:
Zeichnen Sie zuerst das Gesicht und die Innenteile auf (siehe Vorlagen). Fixieren Sie
dann jeweils das Hand- und das Schuhpaar
unter dem entsprechenden Kleidungsstück.
Nur bei dem sitzenden Jungen werden die
Schuhe von vorne ergänzt.

Fügen Sie nun die Kleidungsstücke zusammen. Bei dem Jungen, den Sie von hinten se-
hen, werden allerdings vorher noch die blau-
en Träger aufgesetzt; bei den beiden anderen
Lausbuben fixieren Sie die Träger mit den
entsprechenden Knöpfen.
Die Gesichter erhalten ihre Haare und der
fertige Kopf wird jeweils mit dem Körper
verbunden.
Die drei Buben werden mit einem Faden
oder schmalen Geschenkband untereinander
gehängt.
Dass Lausbuben so nett aussehen können...!

**Vorlagen:
Seite 86**

36

Püppchen Lisa

Motivhöhe: ca. 21,5 cm

Dieses kleine Püppchen würde gerne bei Ihnen wohnen!

Zeichnen Sie zuerst das Gesicht und alle anderen Innenlinien (siehe Vorlage) auf. Platzieren Sie nun das Beinteil mit den Schühchen und die kleinen Hände unter dem mit der Schleife, dem Kragen und den Punkten geschmückten Kleid. Das Haarteil mit den beiden Spangen wird auf das Kopfteil gesetzt und dann wird alles zusammen am Körper befestigt.

Püppchen Lisa schaut ganz lieb und ist auch wirklich immer brav!

**Vorlagen:
Seite 87/88**

37

Miau, miau!

❤❤❤❤❤❤❤❤❤❤❤❤❤❤❤❤❤❤❤❤❤❤❤❤❤❤

Motivhöhe: ca. 24 cm

Diese beiden Katzen haben sich heute für Sie besonders hübsch herausgeputzt. Zeichnen Sie zunächst das Auge, die Nase, die Barthaare und die Ohrbegrenzung auf (siehe Vorlage). Das blaue Schleifenband ist mit weißen, selbstklebenden Punkten (ø 8 mm) dekoriert; überstehende Teile werden mit der Schere angeglichen.

Und nun freuen sich die beiden Katzen auf ein gemütliches Heim!

Tipp:

Das Band können Sie auch aus mit Punkten bedrucktem Tonkarton ausschneiden.

Vorlagen: Seite 88

38

Ein lustiges Mobile

♥♥♥♥♥♥♥♥♥♥♥♥♥♥♥♥♥♥♥♥♥♥♥♥♥

Motivhöhe Kanne: ca. 17,5 cm

Hier kommt Bewegung in die Küche!
Bei der Kanne brauchen Sie nur den
Deckel, die Punkte und das weiße Aus-
gussteil aufzukleben; überstehende Punk-
te gleichen Sie mit der Schere an.
Bei den Tassen bringen Sie das weiße
Tasseninnenteil und die Punkte an; auch
hier werden die Punkte mit der Schere
angeglichen. Kleben Sie die Tasse auf die
Untertasse.
Damit das Mobile frei hängen kann, wird
die Rückseite deckungsgleich gearbeitet.

Tipp:

Die Kanne und die Tassen können Sie
auch aus mit Punkten bedrucktem Tonkarton arbeiten.

**Vorlagen:
Seite 89**

39

Vorlagen: Seite 90

Auf Wanderschaft

Motivhöhe: ca. 22 cm

Bevor Sie sich dazu entschließen, der kleinen Maus auf ihrer Wanderschaft Einblick in Ihre Wohnung zu geben, zeichnen Sie ihr das Gesicht auf (siehe Vorlage). Fixieren Sie das Ohrenpaar und platzieren Sie das Kopfteil, die knallgelbe Hose und den linken Arm auf dem Körper. Der Stock, an dem das dreiteilige Bündel hängt, samt rechtem Arm werden von hinten ergänzt. Wenn Sie einen Teil der Maus durch eine Fensterleiste verdecken wollen, schneiden Sie sie entlang der senkrecht gestrichelten Linie (siehe Vorlage) durch. Messen Sie die Breite der Leiste ab und verkleinern Sie Ihre Bastelarbeit um dieses Maß.

Hey, wo sind wir nun gelandet?

(Beschreibung Seite 42)

40

Vorlagen: Seite 91

Vorlagen:
Seite 92

Hey, wo sind wir nun gelandet?

(Abbildung Seite 41)

♥♥♥♥♥♥♥♥♥♥♥♥♥♥♥♥♥♥♥♥♥♥

Motivhöhe: ca. 21,5 cm

Wer guckt denn hier herein?
Die beiden Fenstergucker bekommen zuerst ihre Pupillen und die Nasenöffnungen aufgemalt (siehe Vorlage). Das Kopfteil erhält das Augenpaar und den Schnabel, der Körper die Krallen. Stellen Sie dann einen 8 cm breiten roten Tonkartonstreifen her – die Länge hängt von Ihrer Fensterbreite ab. Platzieren Sie die Flügel und das fertige Kopfteil darauf; das Körperteil mit den Krallen wird von hinten am roten Balken fixiert.

Lecker!

♥♥♥♥♥♥♥♥♥♥♥♥♥♥♥♥♥♥♥♥♥♥

Motivhöhe: ca. 17 cm

Dieser Käse schmeckt aber ganz besonders lecker!
Zuerst werden das Auge und alle gepunkteten Linien aufgemalt (siehe Vorlage).

Dann erhält die kleine Maus ihre Nase, die Nagezähne und das Ohrenpaar; eine Schleife ziert das Mäuseschwänzchen. Den Käse mit den vier Löchern, an dem sie schon ein wenig genagt hat, hält sie mit der linken Pfote. Das ist ein richtiges Festmahl heute!

Statt Feigenblatt...

♥♥♥♥♥♥♥♥♥♥♥♥♥♥♥♥♥♥♥♥♥♥♥♥♥♥♥♥♥♥♥♥♥

Motivhöhe: ca. 22,5 cm

Statt einem Feigenblatt tut's auch mal ein herbstliches Eichenblatt.
Das Gesicht des verschämten Stacheltierchens sowie die Blattlinien werden aufgemalt (siehe Vorlage). Der kleine Geselle, der nur von hinten mit seinen Stacheln bekleidet ist, bedeckt sich bei so vielen Betrachtern noch schnell mit einem Eichenblatt, das auf seinen Beinen klebt. Zuletzt werden die Arme und die vielen bunten Blätter auf den Igel und die Bodenplatte geklebt.

Vorlagen: Seite 92/93

43

**Vorlagen:
Seite 94**

Tipp:

Die Mütze können Sie auch aus mit Punkten bedrucktem Tonkarton herstellen.

Vögelchen Piep

Motivhöhe: ca. 23 cm

Pieps Augen, die Punkte auf der Schlafmütze und die Krallenunterteilungen werden aufgezeichnet (siehe Vorlage). Fixieren Sie das Flügelpaar und die Krallen am Körper, dann erhält Vögelchen Piep seinen Schnabel und seine geliebte zweiteilige Schlafmütze. Setzen Sie es vorsichtig auf den Ast, an dem einige Blätter befestigt sind.
Schlaf gut, Vögelchen Piep!

Ein Wolkenbett

Motivhöhe: ca. 21 cm

Besonders gern schläft Bär Ferdinand auf dem Wolkenbett!
Zeichnen Sie Ferdinands Gesicht und alle gepunkteten Linien auf (siehe Vorlage). Der Bär erhält seine rote Hose, das Pfotenpaar sowie das zweiteilige rechte Ohr. Legen Sie den kleinen Honigschlecker vorsichtig auf die dicke Wolke, an der Sterne befestigt werden.
Nun kann Ferdinand weiter von Fischen, Honig und Kletterbäumen träumen!

Vorlagen: Seite 95

45

Das Zauber-Gespenst

Motivhöhe: ca. 20,5 cm

Wussten Sie schon, dass Gespenster nicht nur umhergeistern, sondern auch zaubern können?

Das Zauber-Gespenst erhält zunächst das aufgemalte Gesicht (siehe Vorlage). Als absoluter Profi hat es natürlich auch einen Zauberhut, der mit vielen Sternen beklebt ist. Der Zauberstab, dessen oberer Teil schwarz angemalt wird, lässt schon Stern-Funken fliegen!

Vorlagen: Seite 96

Ein Gespenster-Mobile

Motivhöhe Fledermaus:
ca. 9 cm

Am liebsten fliegen die kleinen Gespenster zur Nachtzeit, wenn der Mond scheint und die Fledermäuse am Himmel umherflattern...!

Zunächst bekommen die Mobile-Gespenster ihr Gesicht aufgezeichnet und gegen die Nachtkälte einen Schal umgebunden. Der Mond und die Fledermäuse erhalten ebenso ihr Gesicht; nur der Mund des Mondes ist aufgeklebt.

Für das Mobile werden drei Holzstäbe (ø 0,3 cm, je 32 cm lang) und sechs Holzperlen sowie rotes Schleifenband (Breite 0,5 cm) benötigt. Die Holzperlen werden jeweils am Stabende befestigt. Fügen Sie die Teile durch Ausbalancieren des Schleifenbandes zusammen.

Vorlagen:
Seite 97

Fortbildung

♥♥♥♥♥♥♥♥♥♥♥♥♥♥♥♥♥♥♥♥♥♥♥♥♥

Motivhöhe: ca. 18 cm

Im Mondenschein wird die Eule wach und widmet sich wissbegierig ihrer Lektüre.

Setzen Sie zuerst die einzelnen Buchteile zusammen: Die weißen Blätter werden unter dem roten Umschlag, die Buchrückenteile darauf fixiert. Mit einem Bleistift markieren Sie auf der weißen Fläche einige Seiten, der Umschlag wird mit einem Filzstift beschriftet. Die wissbegierige Eule bekommt zunächst ihre Gesichtsform mit den zusammengefügten Augen und dem Schnabel. Nun kann der Vogel in das Buch schauen, das von vorne von den Flügeln gehalten wird. Es fehlen nur noch die Krallen und die Lesestunde kann beginnen.

**Vorlagen:
Seite 98**

48

Laterne, Laterne!

Motivhöhe Mond: ca. 16,5 cm

Allmählich werden die Abende dunkler und die Kinder ziehen mit ihren Laternen durch die Straßen.

Laternen in Rot

Mit den gelben Streifen wird die rote Grundform dekoriert.

Mondlaterne

Der Mond bekommt seine Augen aufgezeichnet (siehe Vorlage); der Mund wird aufgeklebt.

Nun brauchen alle Laternen nur noch ihren Laternenstock und schon können die Laternenlieder gesungen werden!

Die drei Laternen werden mit einem Faden oder schmalen Geschenkband untereinander gehängt.

Vorlagen:
Seite 99

Vorlagen: Seite 100/101

Hex-hex!

Motivhöhe: ca. 25 cm

Die kleine Hexe und ihr Spielgefährte bekommen zunächst ihre aufgemalten Gesichter, dann folgen die Knöpfe und die Flickennähte auf der Hexenbluse. Erst wenn die Spitze des Zauberstabes markiert ist, hat er seine Zauberkraft (siehe Vorlage)! Die Strubbelhaare der kleinen Hexe werden vorne, der Hut wird von hinten an dem Gesicht fixiert. Fügen Sie die Hexentracht zusammen, wobei die Strümpfe unter den Rock, aber auf die roten Schuhe geklebt werden. Und ein echter Hexenrock hat auch ein paar Flecken. Die Hände werden unter der Bluse befestigt. Dann fehlen nur noch der Zauberstab und der bärtige Spielgefährte. Er bekommt nacheinander das bemalte Schnauzenteil (siehe Vorlage), den Schal, die Füße und die Krone. Und die Verwandlung kann beginnen…

Alles Glück der Erde

*Motivhöhe
großes Pferd: ca. 13 cm*

Wie Bandornamente gefaltet und geschnitten werden, wird auf Seite 6/7 erklärt.

Mit den Vorlagen auf Seite 102 können Sie Bandornamente mit großen und mit kleinen Pferden herstellen.

Vorlagen:
Seite 102

51

Der erste Advent

Motivhöhe: ca. 19 cm

Diese Kerze aus Regenbogen-Tonkarton erstrahlt im adventlichen Lichterglanz. Der Kerzenrand sowie der Docht werden aufgezeichnet (siehe Vorlage); den hellen Kerzenschein und das Tannengrün kleben Sie von hinten an.

Vorlagen:
Seite 103

52

Vom Himmel hoch, da komm ich her!

Motivhöhe: ca. 20,5 cm

Der Himmelsbote erhält sein Gesicht, die Hand und die kleinen nackten Füßchen – kleben Sie diese Teile immer unter das entsprechende Kleidungsteil. Dann positionieren Sie den fertigen Ärmel und das Haarteil auf dem Kleid, den Flügel darunter. Das Kleid wird mit vielen kleinen Sternen geschmückt.
Was der kleine Engel wohl auf der Erde sucht?

Tipp:

Der Engel auf der Vorlage schaut nach links – wenn Sie alle Schablonenteile vor dem Übertragen auf Tonkarton einfach umdrehen, erscheint Ihr Engelchen gekontert, dann schaut es nämlich nach rechts! So können Sie eine ganze Engelschar an Ihrem Fenster haben!

Vorlagen:
Seite 103

53

Das kleine Räucher- männchen

Motivhöhe: ca. 28,5 cm

Zeichnen Sie dem kleinen Räuchermännchen die Augen, die Augenbrauen, den Mund, die schwarzen Pfeifenteile und alle gepunkteten Linien (siehe Vorlage) auf. Dann kleben Sie die Nase und den zweiteiligen Schnurrbart auf. Das Haarteil wird von hinten ans Gesicht, der zweiteilige Hut darauf fixiert. Das Kopfteil sowie die Hände und das Beinteil mit den Schuhen platzieren Sie unter dem Mantel; mit drei Schnallen wird der Mantel verschlossen. Nun bekommt das Räuchermännchen natürlich noch seine Pfeife. In seiner rechten Hand hält es die zweiteilige Axt, in der linken die ebenfalls zweiteilige Laterne. Noch schnell aufs Podest gestellt, dann beginnt die Adventszeit!

Tipp:

Das Räuchermännchen wirkt nicht nur am Fenster; auch in einem passenden Rahmen sieht es einfach schön aus!

**Vorlagen:
Seite 104/105**

54

Weihnachts-kugeln

Motivhöhe: ca. 19,5 cm

Diese rot leuchtenden Weihnachtskugeln sind eine wunderschöne Dekoration nicht nur am Weihnachtsbaum – hier schmücken sie das Fenster.

Fügen Sie die beiden Schleifenteile zusammen. Dann erhalten die Kugeln ihre gelben Muster (Sterne usw.) sowie das Verschlussteil.

Bevor Sie die Themenkette fertig stellen, hängen Sie die Weihnachtskugeln jeweils am Schleifenband auf.

Tipp:

Sie können die Kugeln natürlich auch an einen Faden, eine Schnur usw. hängen. Die dazu benötigten Aufhängepunkte sind auf der Vorlage markiert.

Vorlagen:
Seite 105

55

Vorlagen:
Seite 106

Äpfel, Nüss' und Mandelkern

Motivhöhe Apfel: ca. 10 cm

Apfel, Nüss' und Mandelkern, Lebkuchen und Sterne – all das gehört zur Weihnachtszeit! Die Äpfel bekommen die Blüte, die Nüsse ein Schalenmuster aufgezeichnet (siehe Vorlage und Foto).

Bei den Äpfeln ergänzen Sie von vorne den Stiel, bei dem Lebkuchenherz die Mandeln. Dann können Sie die Einzelteile ganz nach Ihren Wünschen zusammenstellen, für das Fenster, die Tür, die Wand …!

Weihnachts-läuten

❤❤❤❤❤❤❤❤❤❤❤❤❤❤❤❤❤❤❤❤❤❤❤❤

Motivhöhe: ca. 18 cm

Diese Glocken läuten die Weihnachtszeit ein.
Zeichnen Sie die Klöppel mit schwarzem Filzstift auf (siehe Vorlage) und ergänzen Sie das rote Glockenteil. Nun wird das Glockenpaar an dem Tannengrün und darauf werden das Blattgrün mit Beeren und der Stern fixiert.
Fröhliche Weihnachten!

**Vorlagen:
Seite 107**

57

**Vorlagen:
Seite 108**

Pinni

Motivhöhe: ca. 18 cm

Damit Pinni Pinguin ihr Paket öffnen kann, fixieren Sie folgende Teile nacheinander auf dem Körper: den Schnabel, das Auge, die dreiteilige Mütze, das Bauchteil, das Paket samt Schleife, die Flügelspitzen und die Füße. Alle gepunkteten Linien und das Augeninnere werden aufgemalt (siehe Vorlage).
Und was steckt drin in diesem Paket?

Viele Nikolaus-helfer

Motivhöhe: ca. 18 cm

Diese Tonkartonmänner haben sich in großer Zahl versammelt und warten nun auf ihren Einsatz am Nikolaustag.
Doch bevor es so weit ist, gehen Sie nach der Anleitung auf Seite 8 vor.
Nach dem Ausschneiden werden bei allen Weihnachtsmännern die Augen und alle gepunkteten Linien (siehe Vorlage) aufgezeichnet.

Vorlagen: Seite 87

Achtung: Einige Nikoläuse werden seiten- verkehrt ausgeschnitten.

Das Gesichtsteil wird auf dem Körper plat- ziert und alle Fell- und Bartteile werden er- gänzt.

Bevor Sie die Öffnungen an den Händen mit der Lochzange ausstanzen, fixieren Sie den Pompon und die rote Nase.
Mit Musterklammern vereinigt warten die vielen Nikolaushelfer nur noch auf den 6. Dezember um dann die Schuhe und Strümp- fe der braven Kinder zu füllen.

Winter bei den Eskimos

❤❤❤❤❤❤❤❤❤❤❤❤❤❤❤❤❤❤❤❤❤❤

Motivhöhe Eskimo: ca. 12 cm

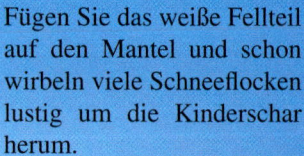

Damit die Eskimokinder die Schneefreuden so richtig genießen können, zeichnen Sie ihre Gesichter und alle gepunkteten Linien auf (siehe Vorlage).

Das Gesichtsteil wird hinter das flauschige Mützenfell, die Hände werden auf das Mantelteil gesetzt.

Fügen Sie das weiße Fellteil auf den Mantel und schon wirbeln viele Schneeflocken lustig um die Kinderschar herum.

Vorlagen:
Seite 102

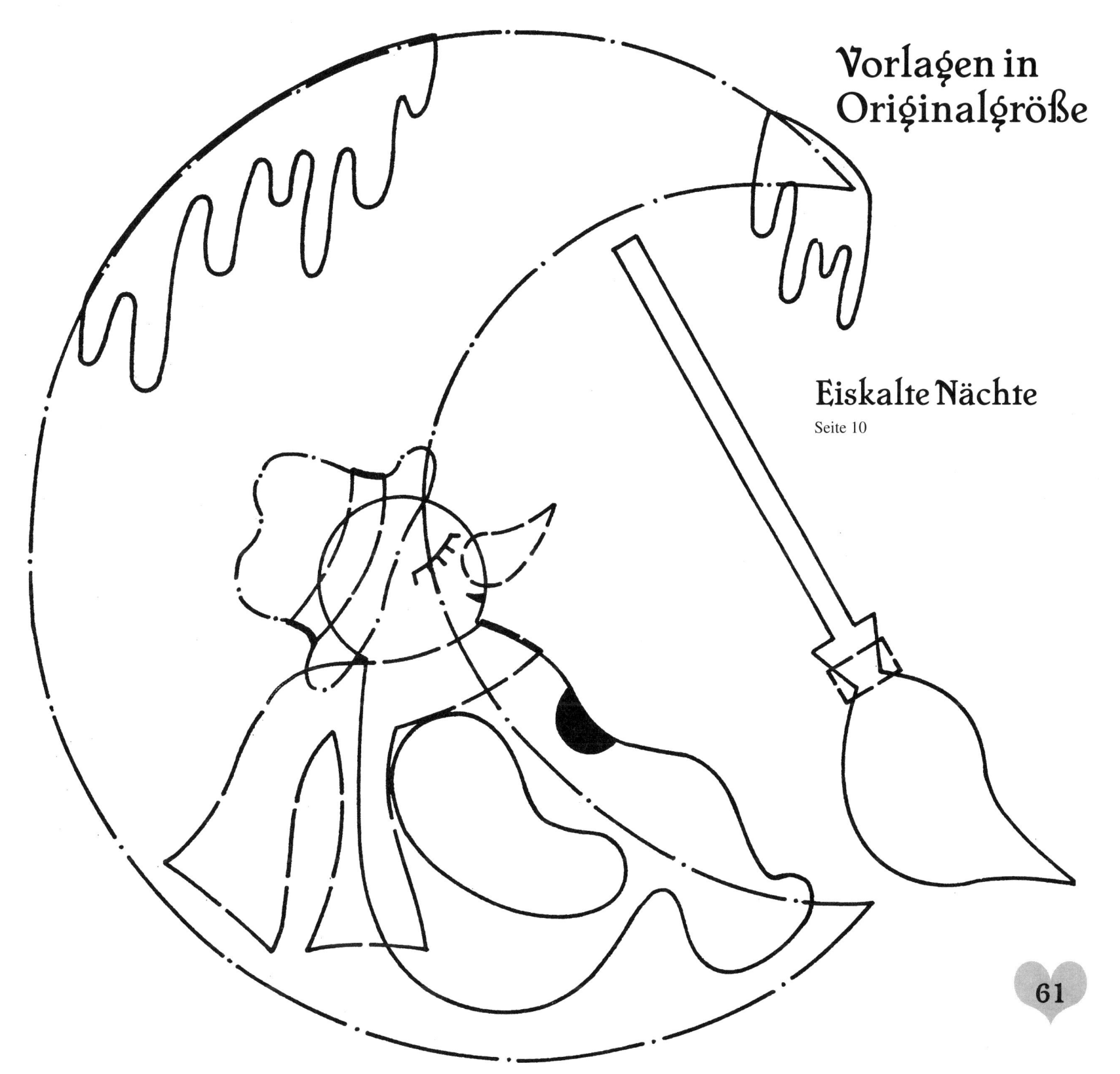

Vorlagen in
Originalgröße

Eiskalte Nächte

Seite 10

61

Hurra, der
Winter ist da!
Seite 11

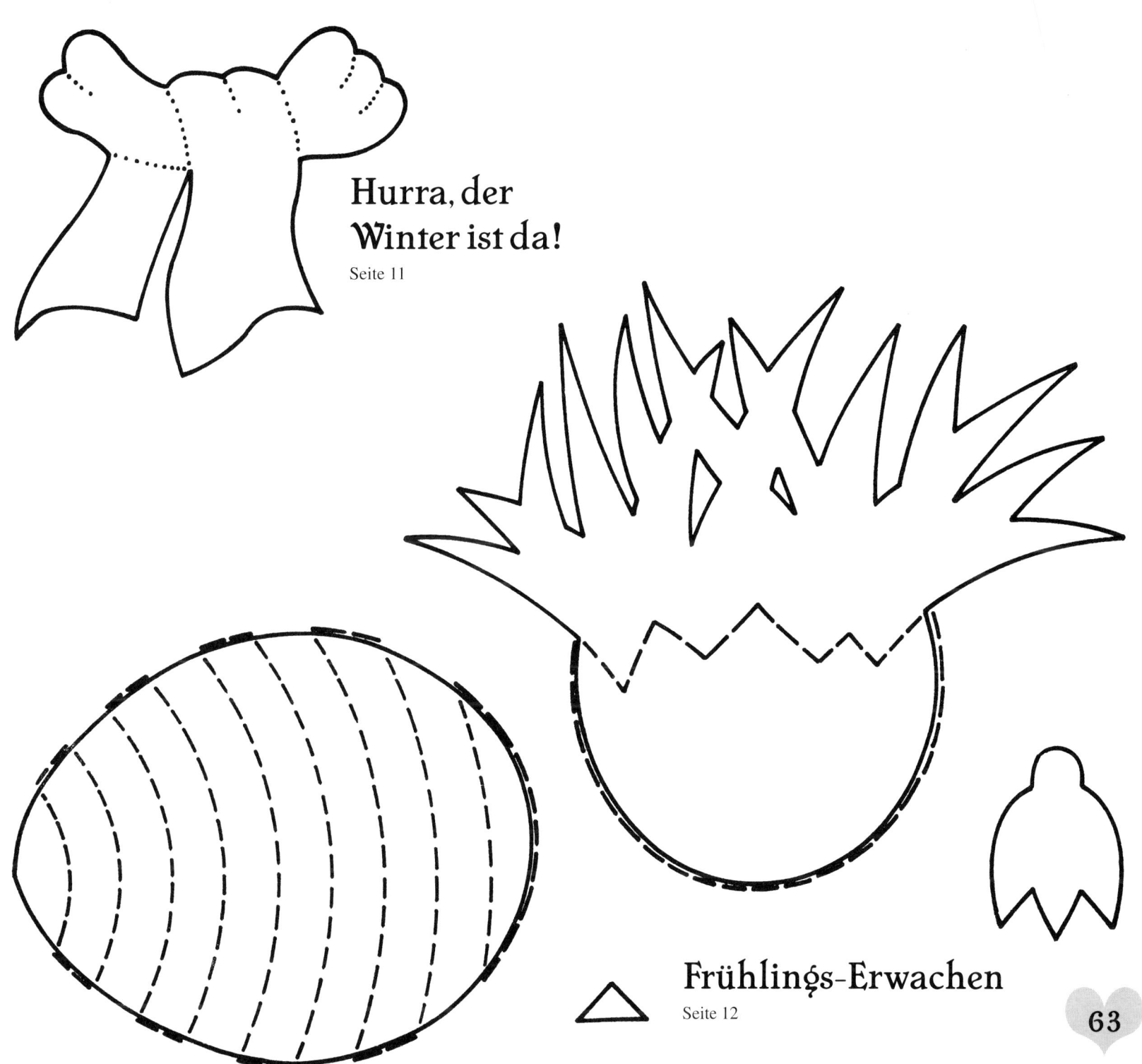

Hurra, der
Winter ist da!
Seite 11

Frühlings-Erwachen
Seite 12

63

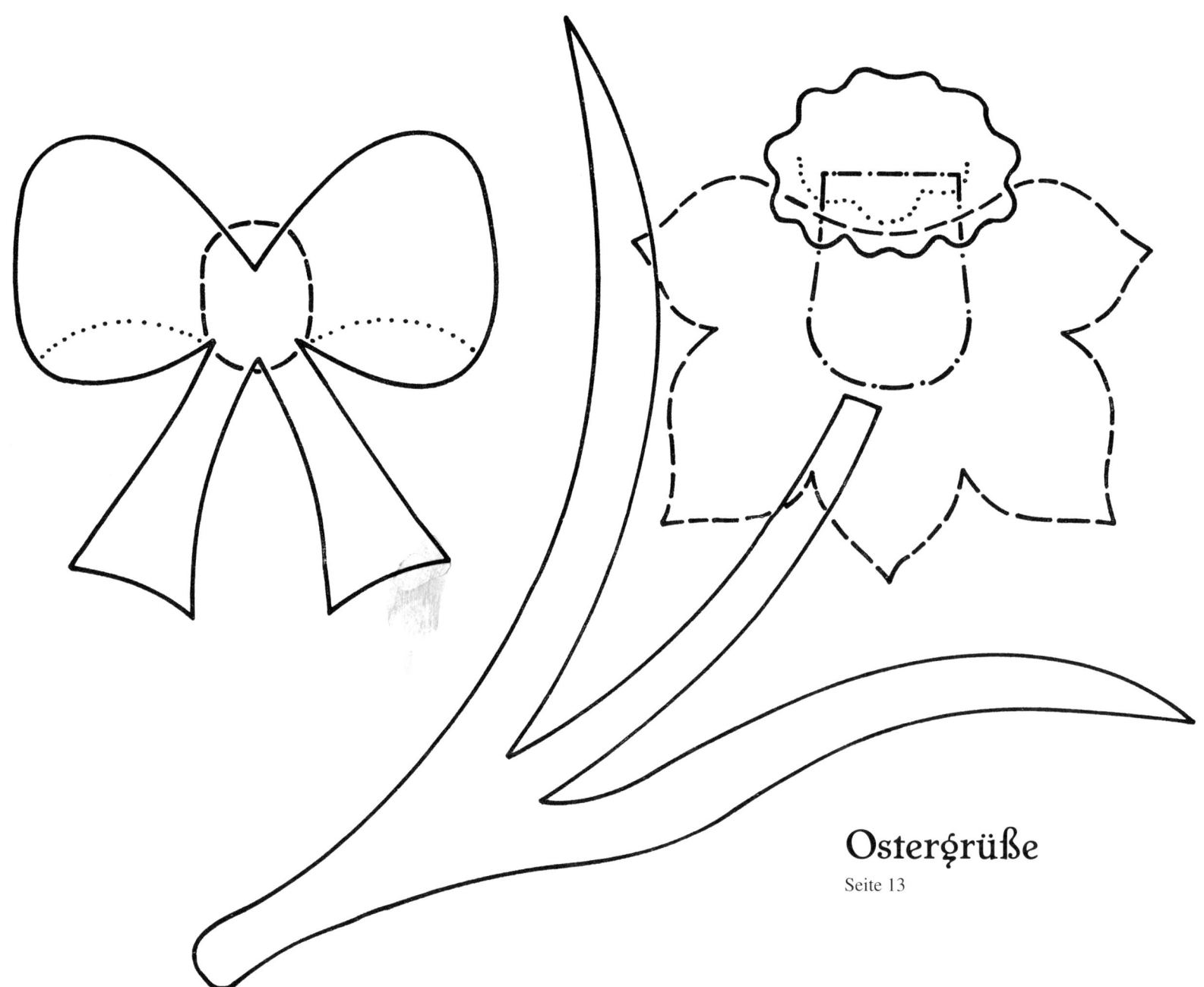

Ostergrüße

Seite 13

Häschens Lieblingsspeise
Seite 14

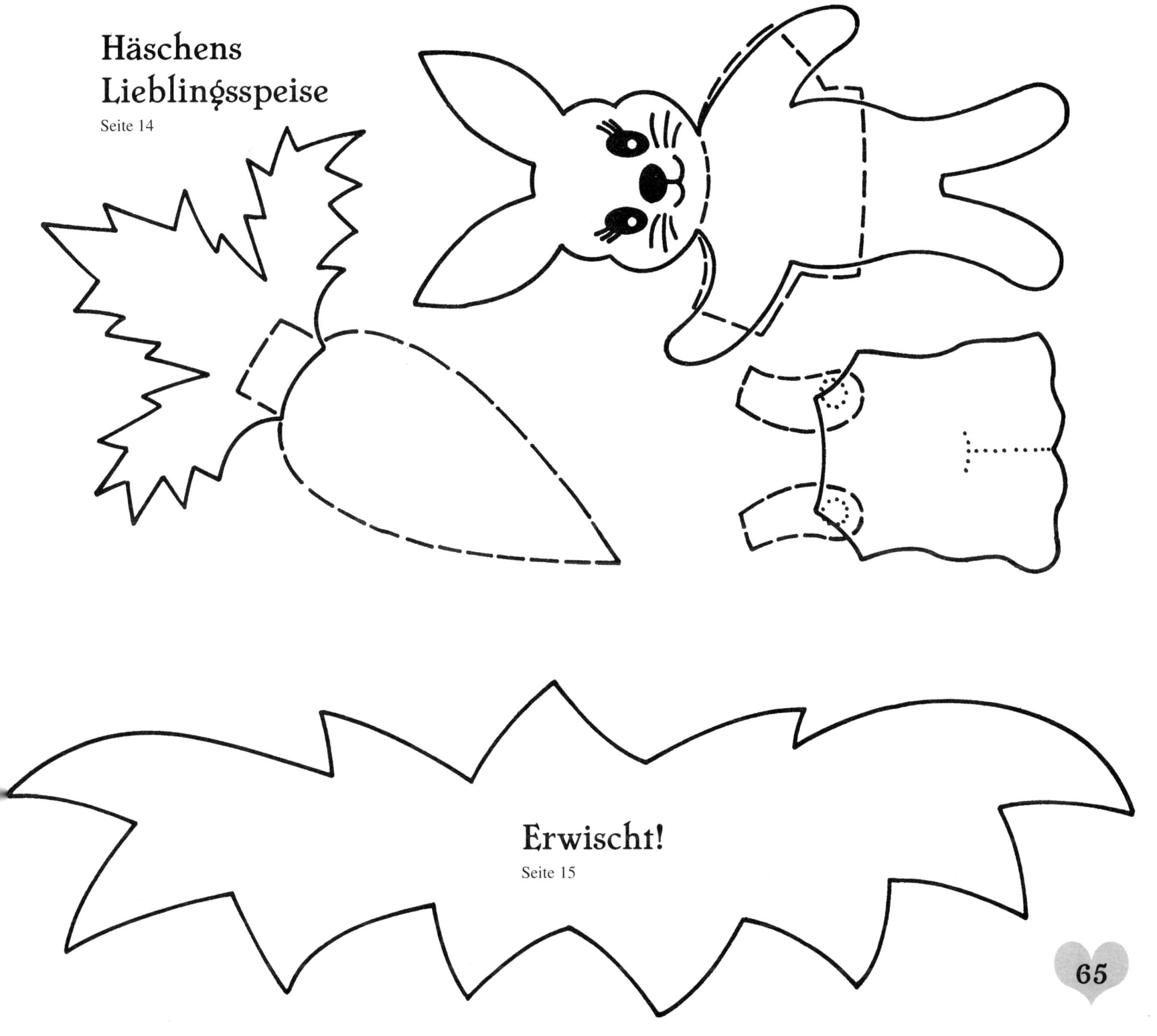

Erwischt!
Seite 15

65

Erwischt!

Seite 15

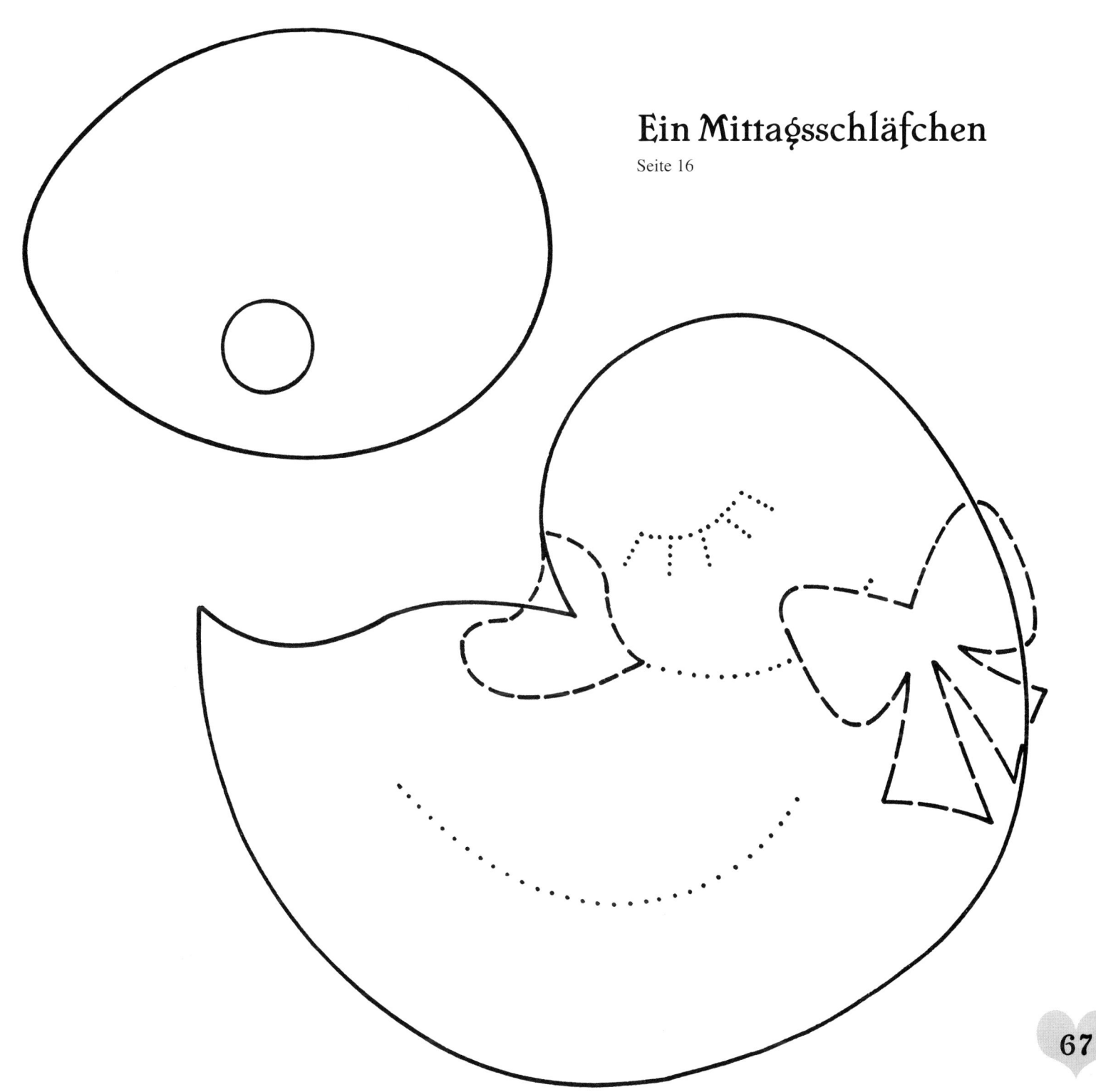

Ein buntes Gelege

Seite 17

Märchenstunde

Seite 18

Die Blumen-Bande
Seite 19

Schlaf,
Kindchen, schlaf
Seite 20

71

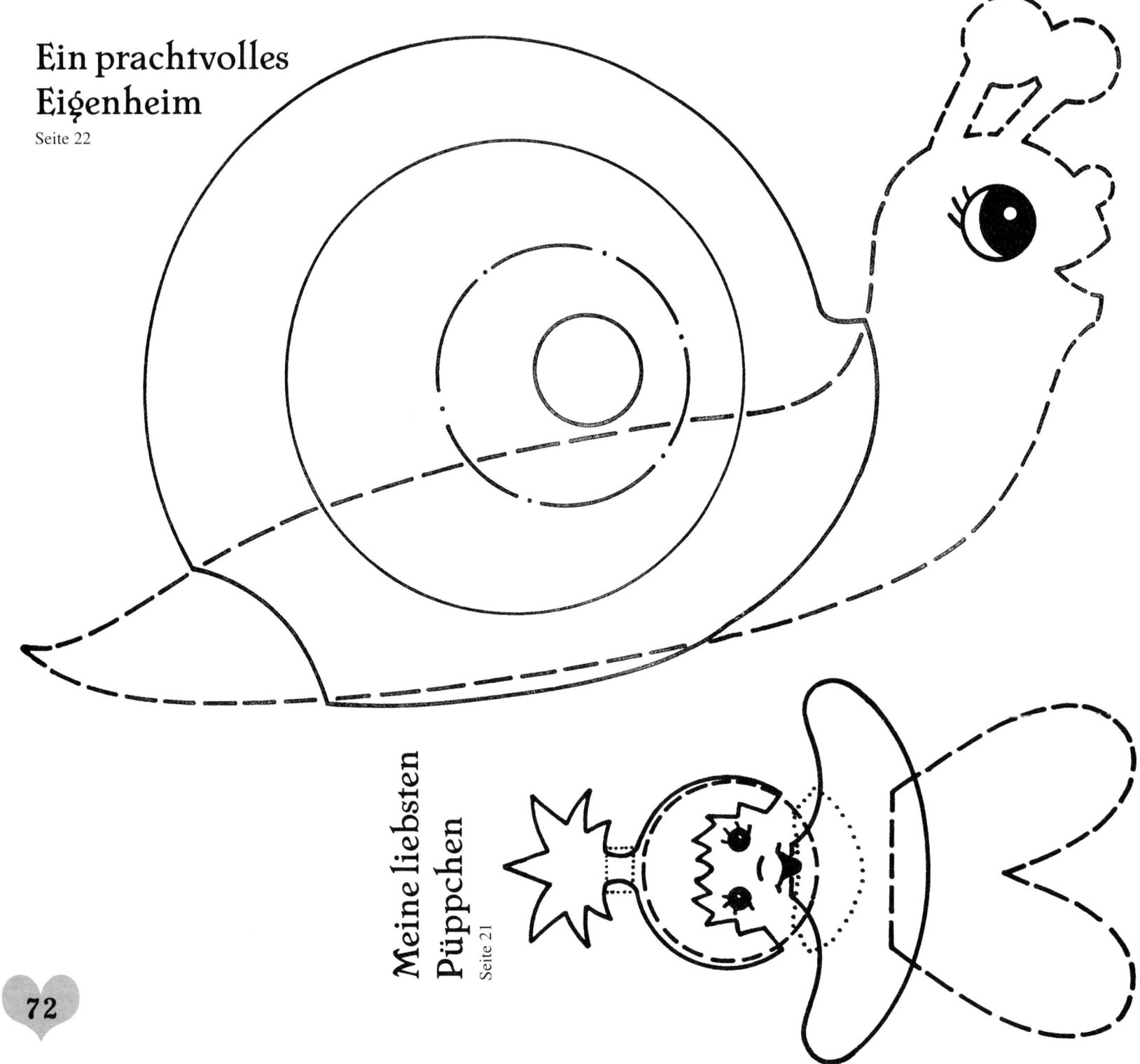

Ein prachtvolles
Eigenheim
Seite 22

Meine liebsten Püppchen
Seite 21

72

Sicher ist sicher!

Seite 23

73

Herzen am
laufenden Band
Seite 24

Frühlingszeit

Seite 25

Ein lustiger Gesell

Seite 26

75

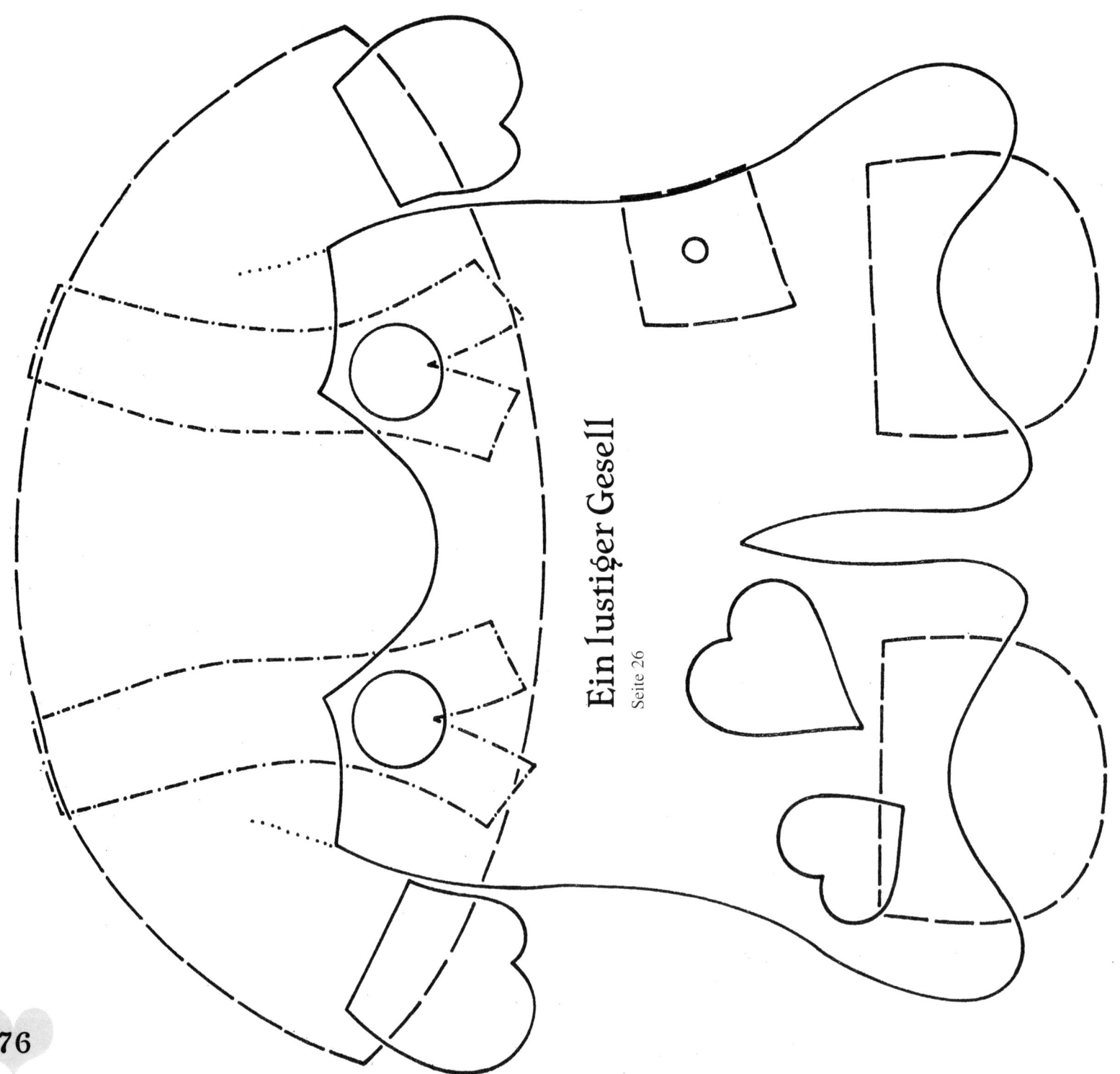

Ein lustiger Gesell

Seite 26

Gut gebrüllt Leo!

Seite 27

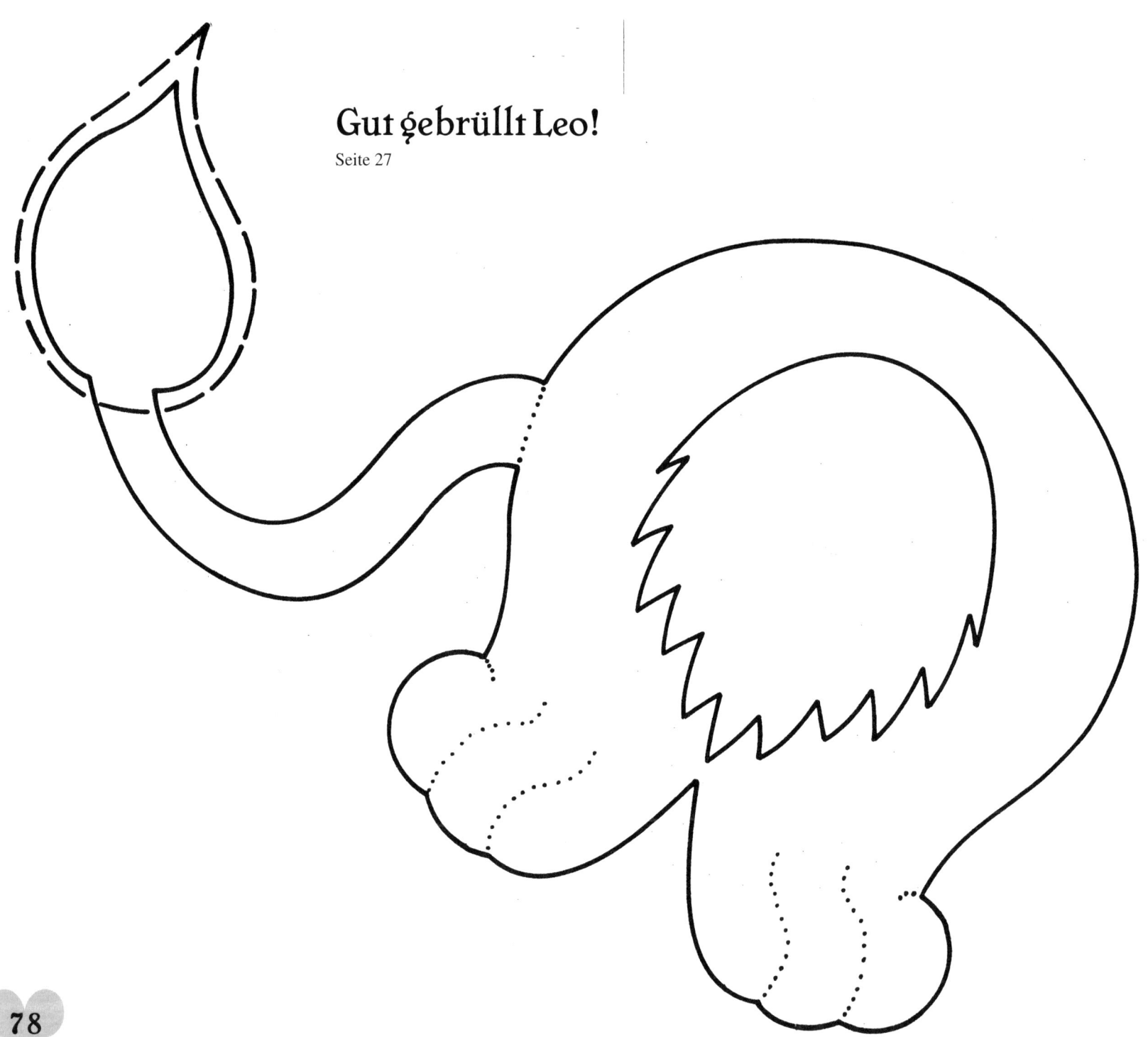

Gut gebrüllt Leo!

Seite 27

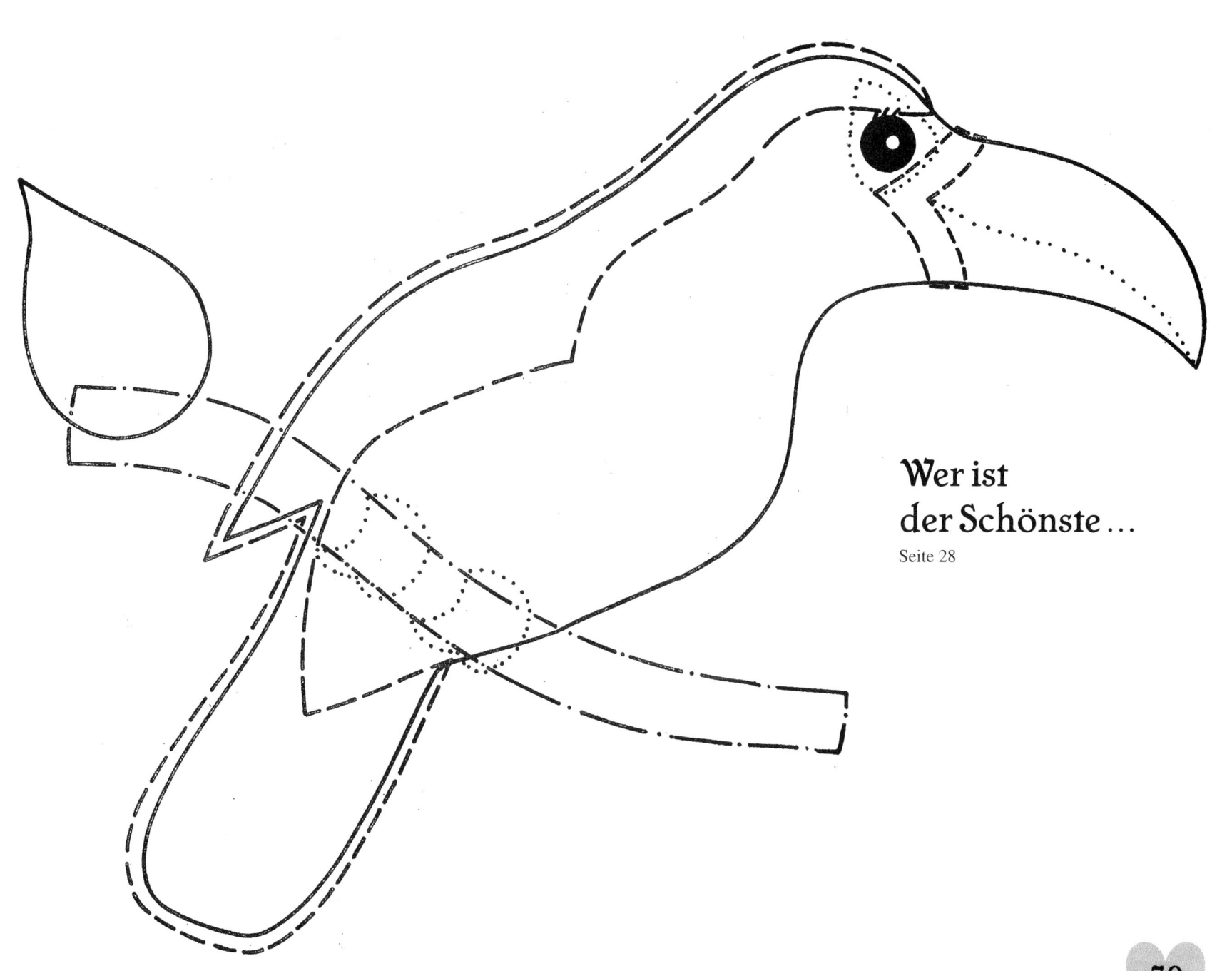

Wer ist
der Schönste...

Seite 28

79

Honigbienen

Seite 30

80

Ich hab' einen Luftballon!
Seite 31

81

Luftblasen-Spiel

Seite 32

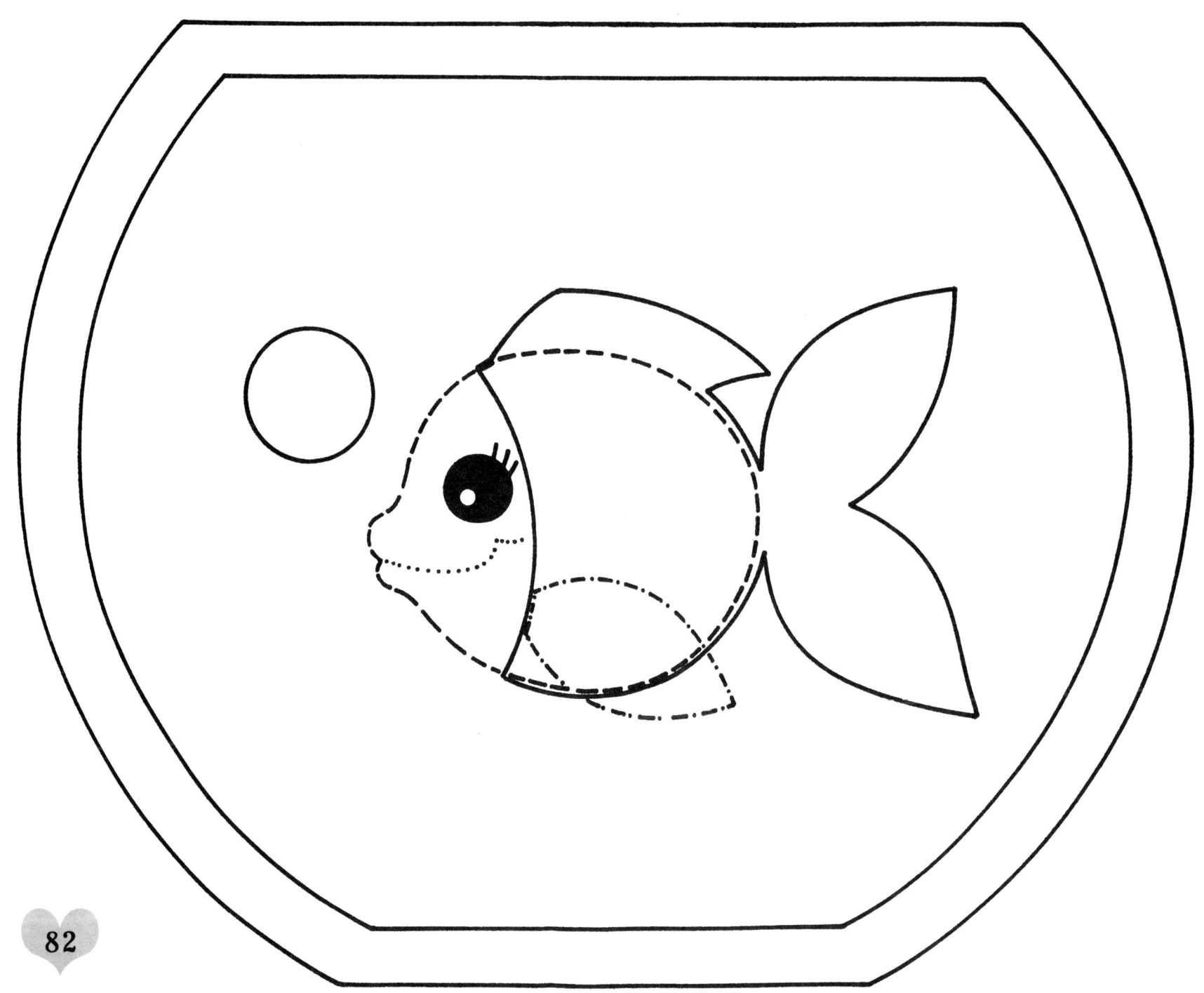

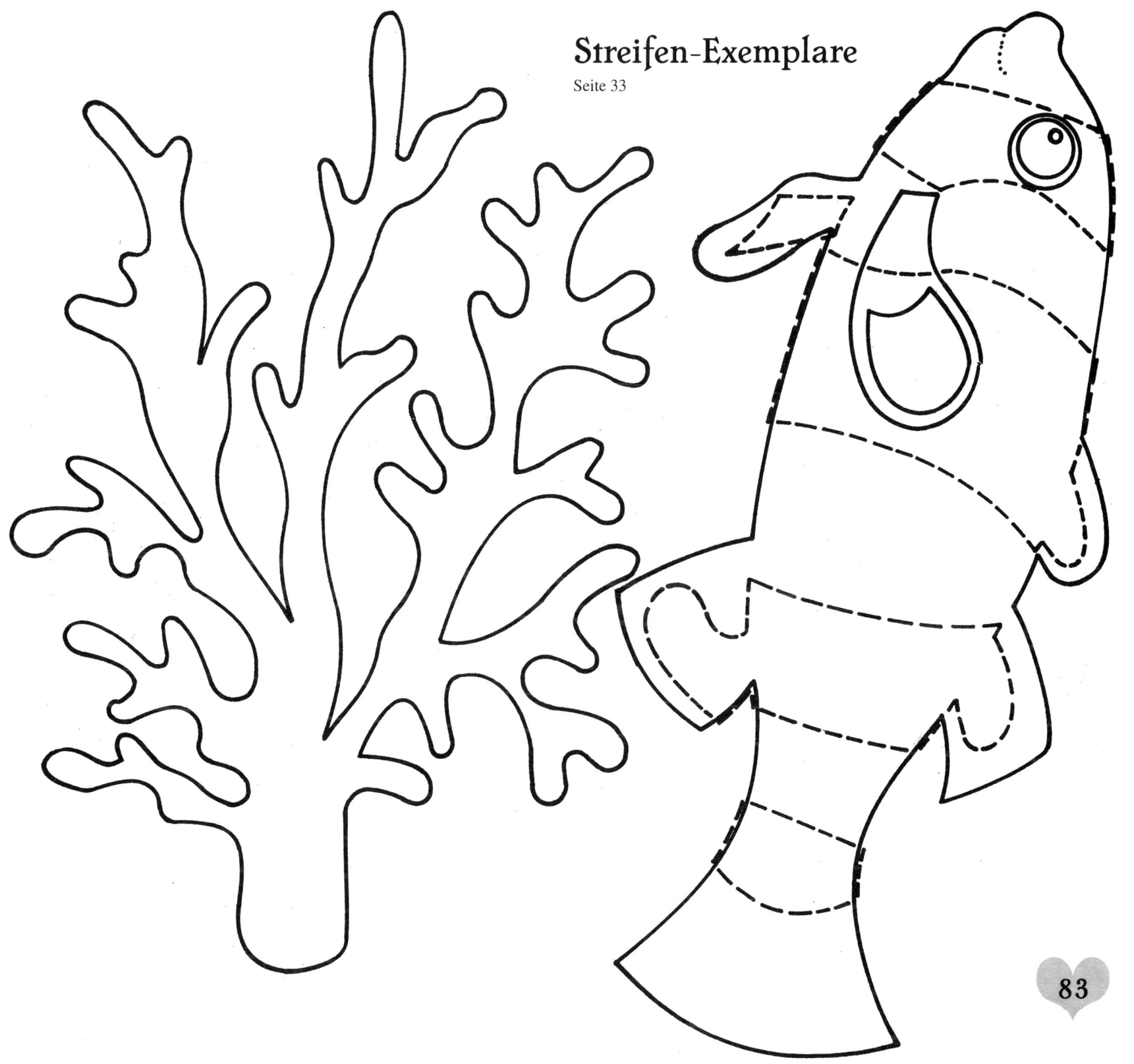

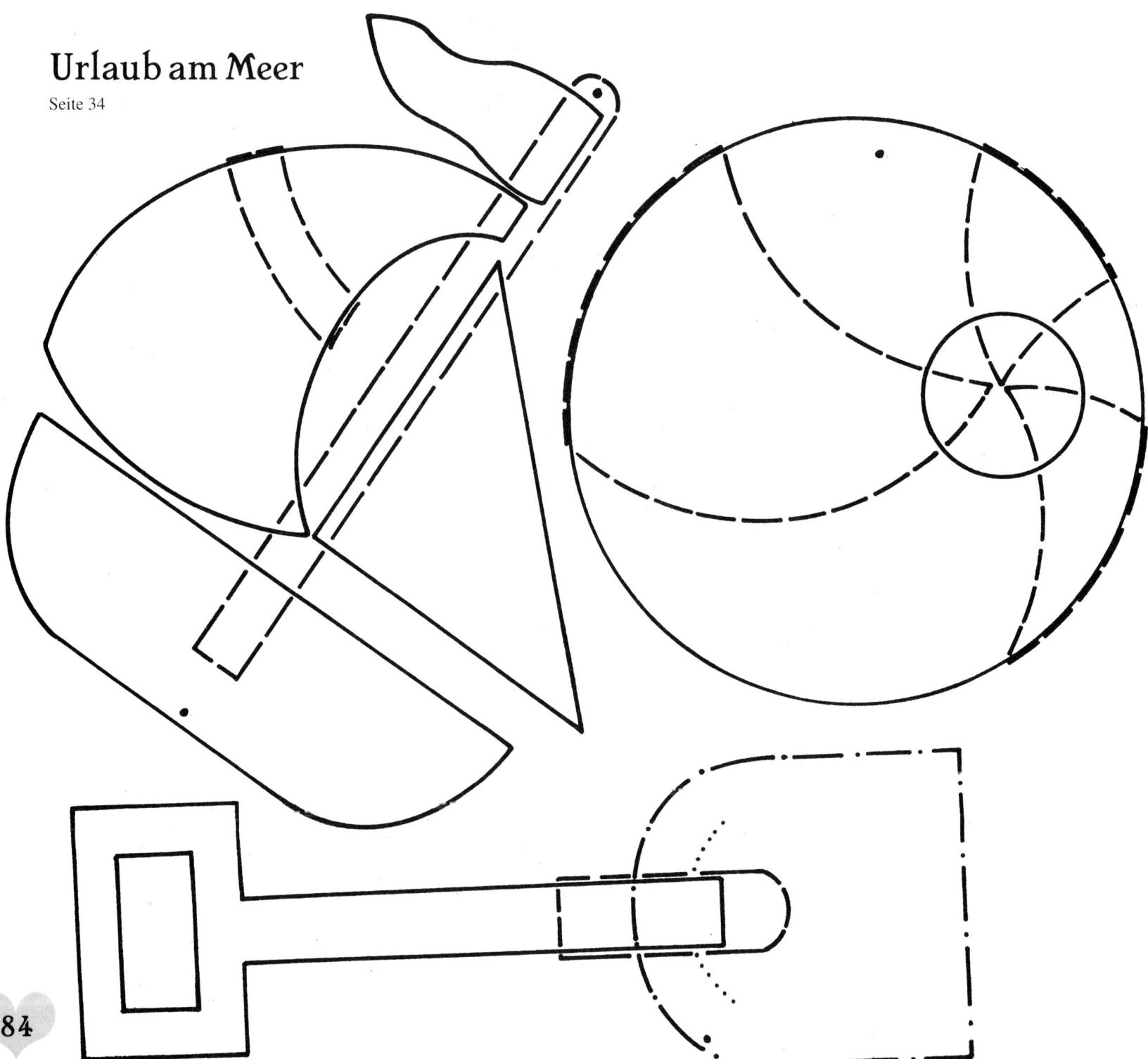

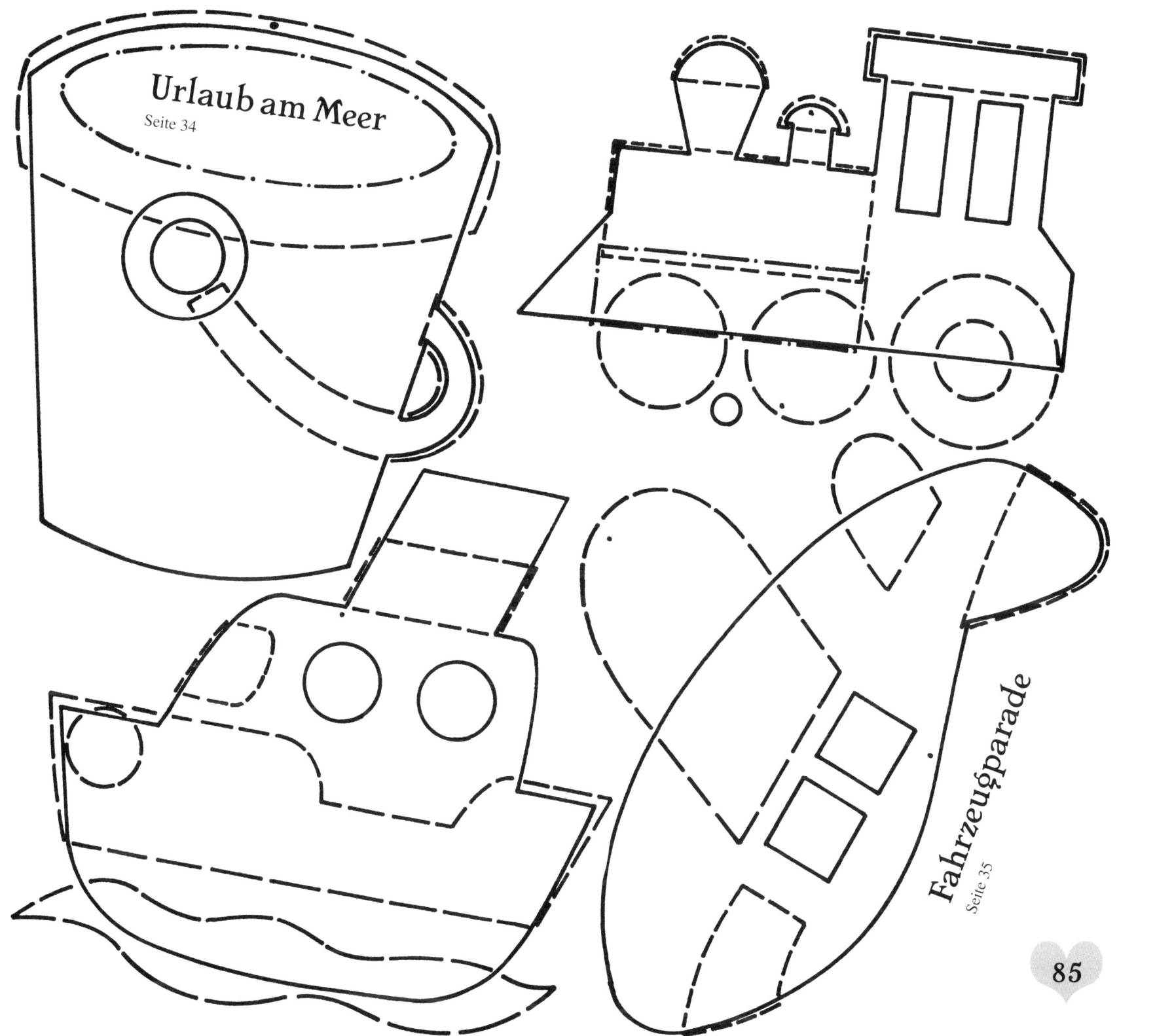

Urlaub am Meer
Seite 34

Fahrzeugparade
Seite 35

85

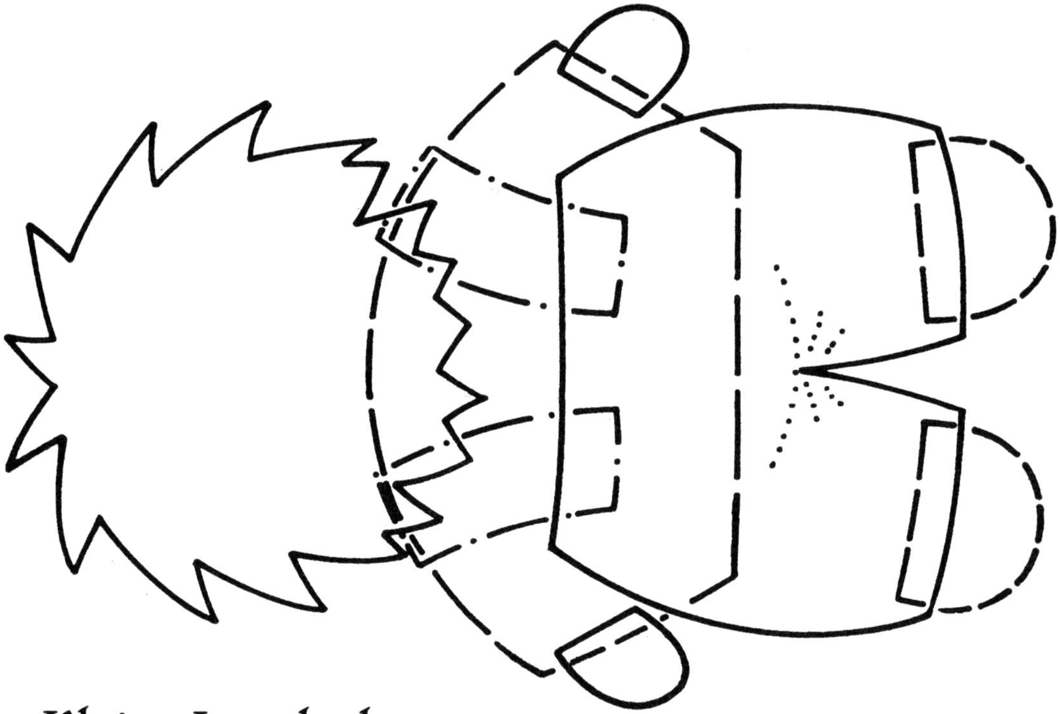

Kleine Lausbuben

Seite 36

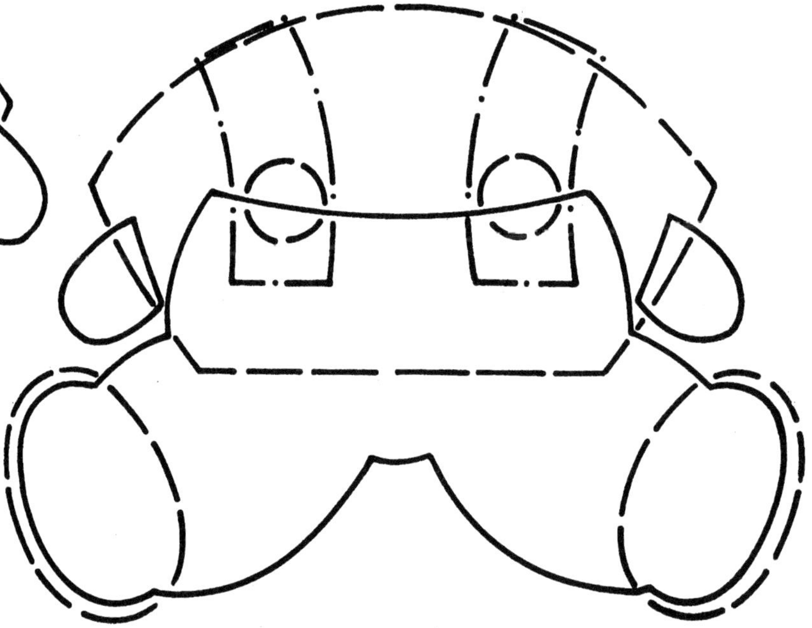

86

Viele Nikolaushelfer
Seite 59

Püppchen Lisa
Seite 37

87

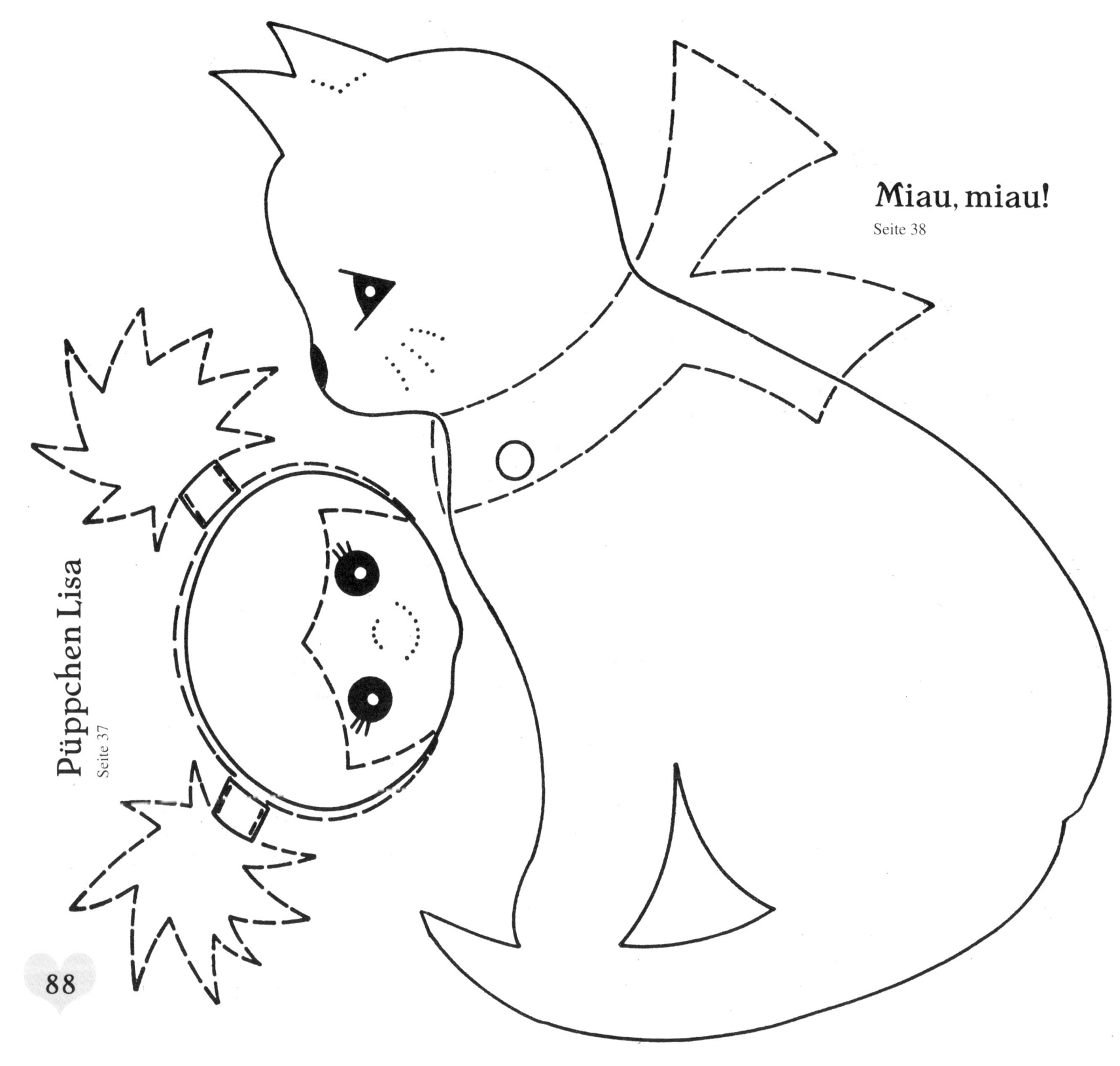

Miau, miau!
Seite 38

Püppchen Lisa
Seite 37

88

Ein lustiges Mobile
Seite 39

89

Auf
Wanderschaft

Seite 40

90

Hey, wo sind wir
nun gelandet?

Seite 41

91

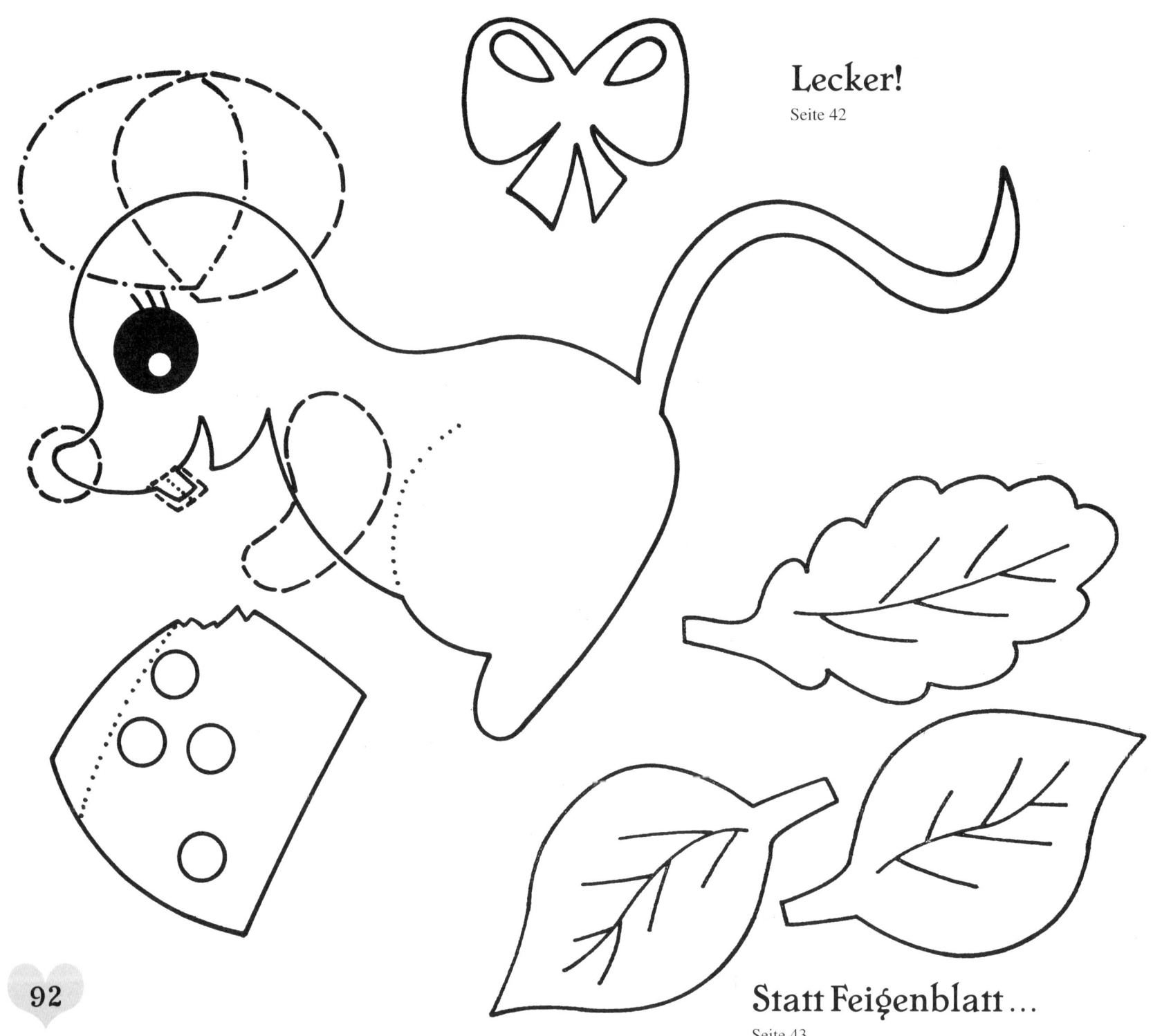

Lecker!
Seite 42

92

Statt Feigenblatt…
Seite 43

Statt Feigenblatt ...

Seite 43

93

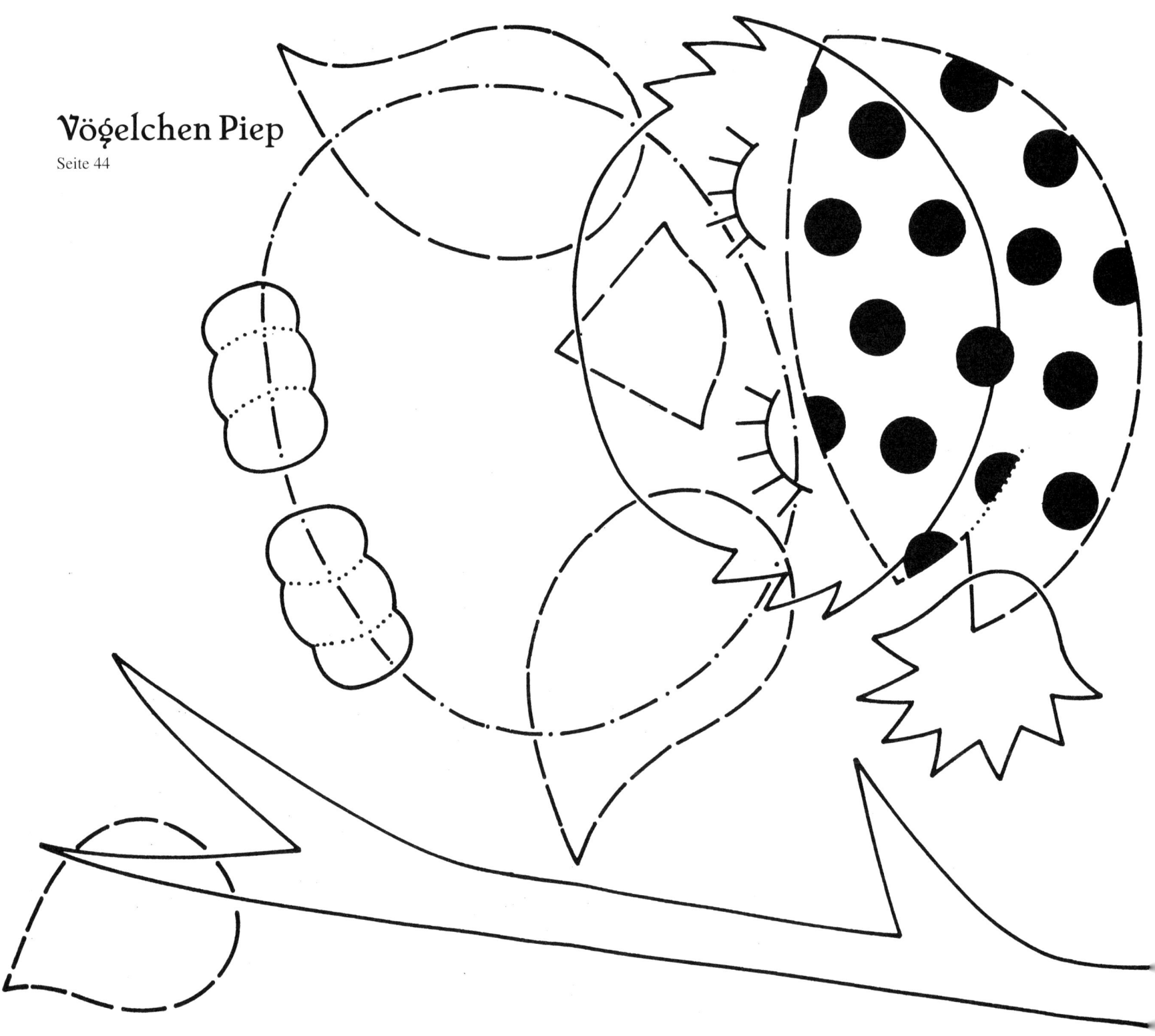

Ein Wolkenbett

Seite 45

95

Das Zauber-Gespenst

Seite 46

96

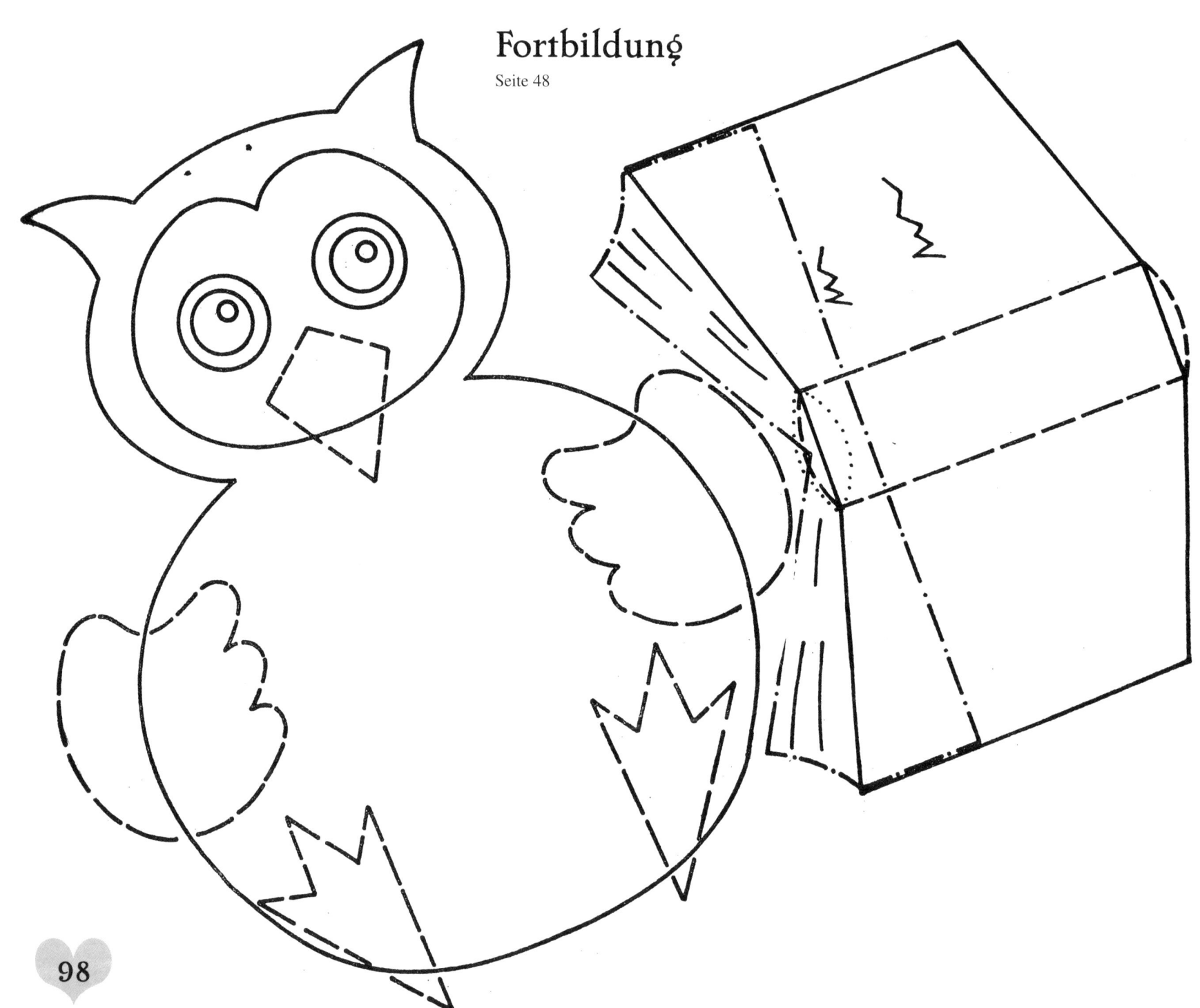

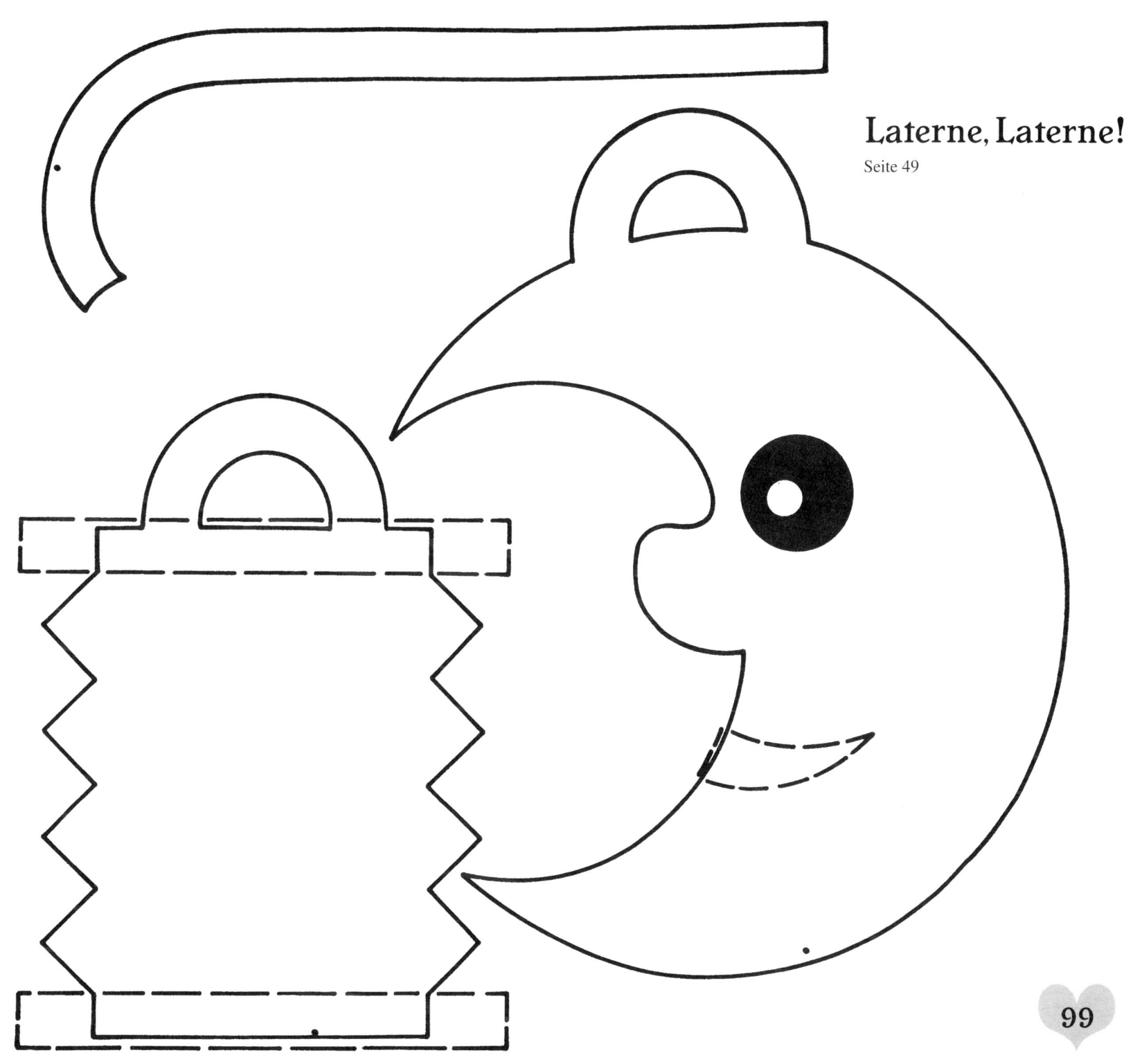

Laterne, Laterne!
Seite 49

99

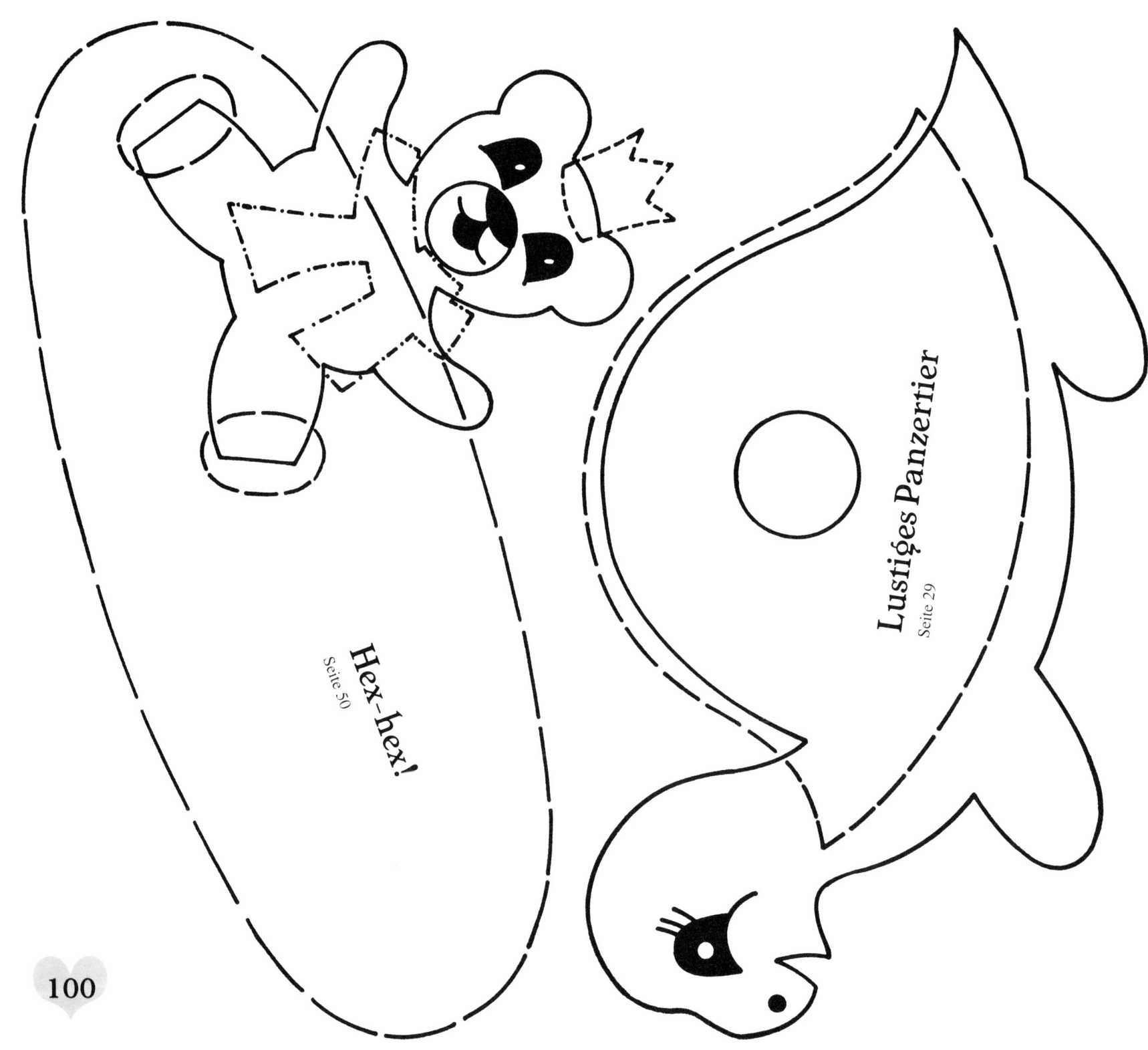

Hex-hex!
Seite 50

Lustiges Panzertier
Seite 29

100

Hex-hex!

Seite 50

101

Alles Glück der Erde

Seite 51

Winter bei den Eskimos

Seite 60

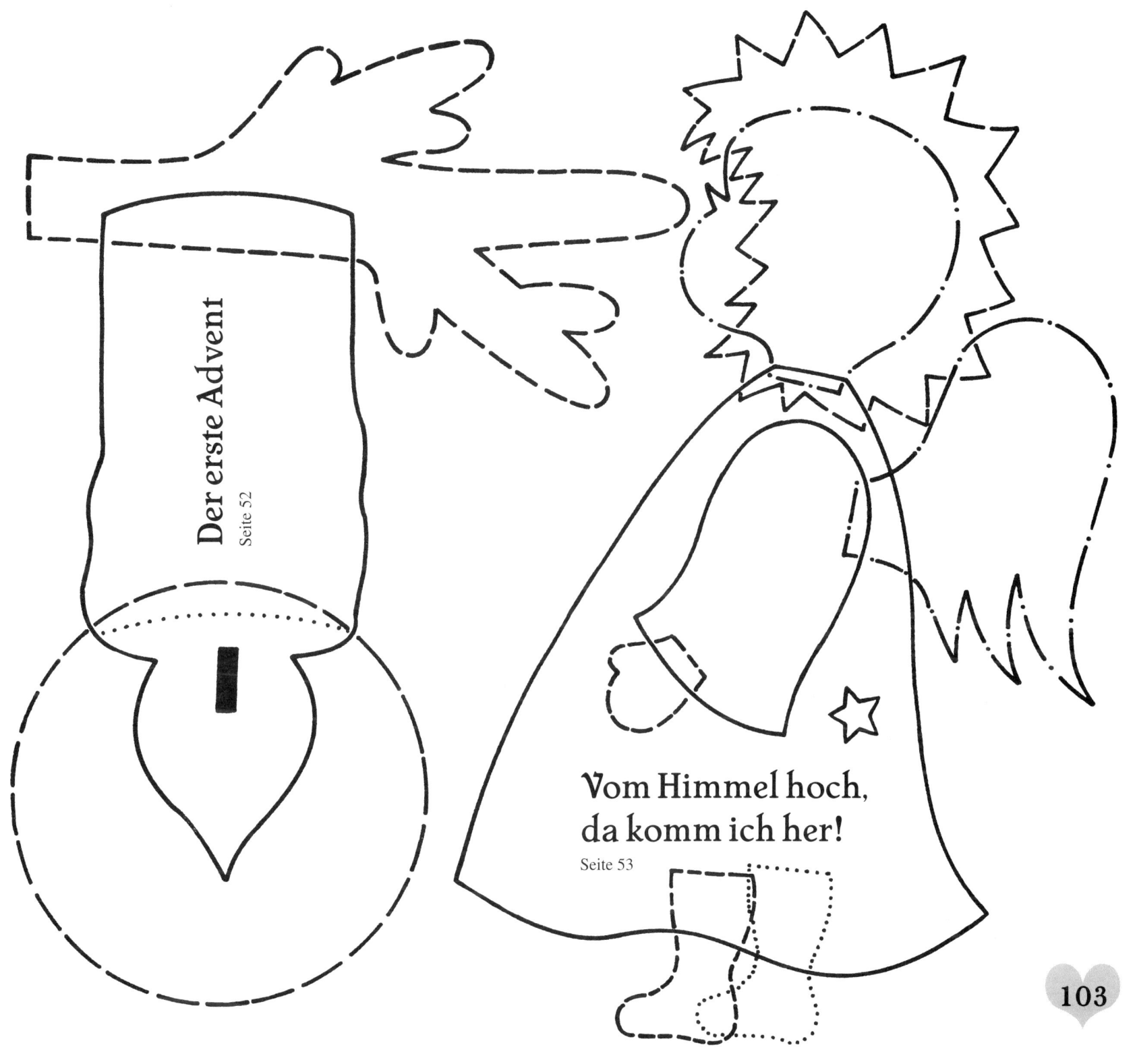

Der erste Advent

Seite 52

Vom Himmel hoch,
da komm ich her!

Seite 53

103

Das kleine
Räuchermännchen
Seite 54

104

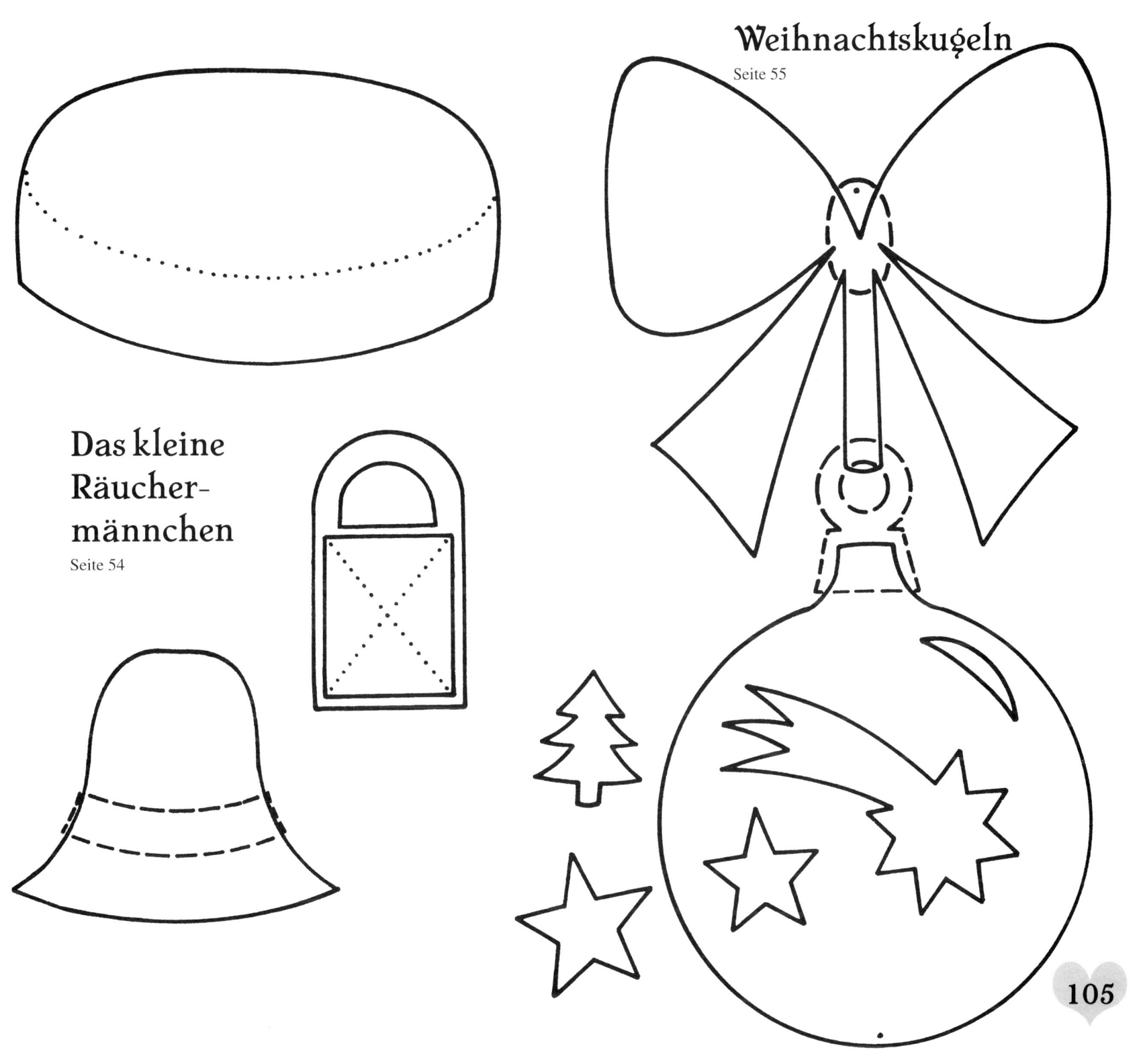

Weihnachtskugeln
Seite 55

Das kleine Räuchermännchen
Seite 54

105

Äpfel, Nüss'
und Mandelkern

Seite 56

106

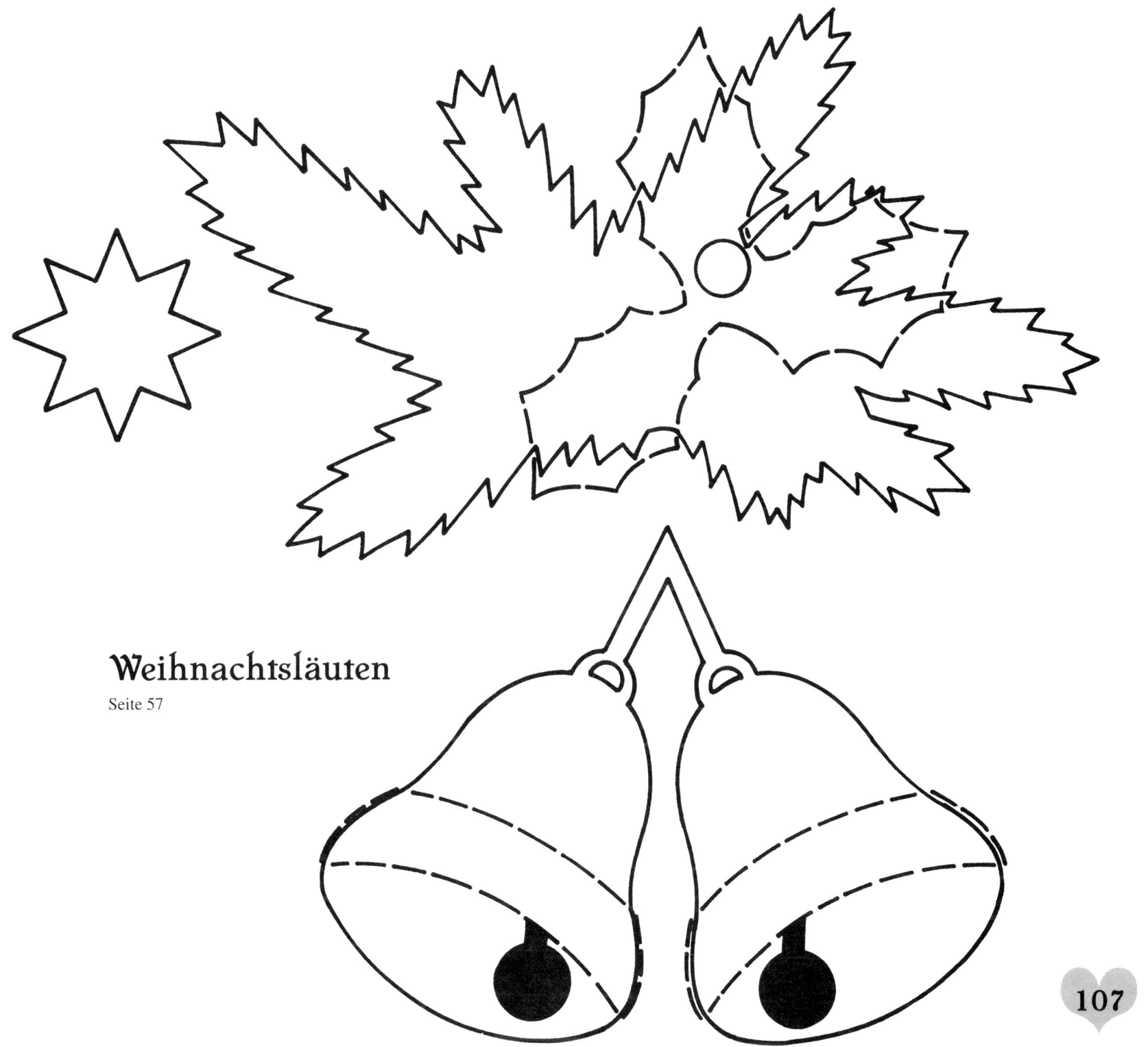

Weihnachtsläuten

Seite 57

107

Pinni

Seite 58

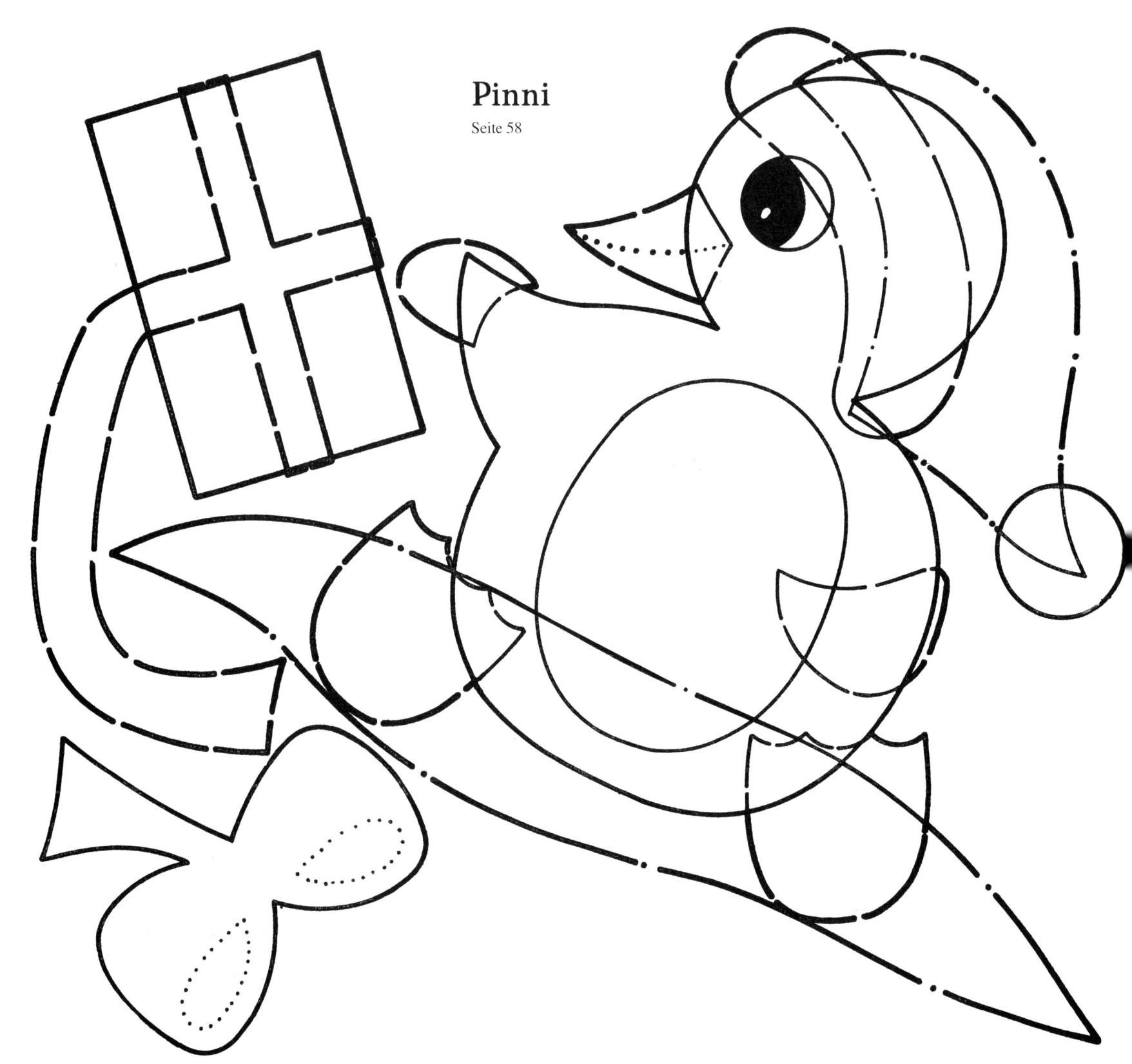